SOBRIÉTÉ NUMÉRIQUE

FRÉDÉRIC BORDAGE

SOBRIÉTÉ NUMÉRIQUE

Les clés pour agir

Préface d'Isabelle Autissier

BUCHET • CHASTEL
LA VERTE

ISSN : 2492-9107
ISBN : 978-2-283-03215-2

Pour Lucie
et tous les enfants de sa génération
à qui nous, les adultes, devons un bel avenir.

SOMMAIRE

PRÉFACE 11

INTRODUCTION 15

PARTIE 1. LES MOTS POUR COMPRENDRE 27

PARTIE 2. LES GESTES POUR AGIR 165
I. Les gestes clés 167
II. Les autres gestes importants 173
III. Les fausses bonnes idées 181
IV. S'engager et militer 187

INDEX 195

RÉFÉRENCES 201

PRÉFACE

Le numérique n'est ni bon ni mauvais. C'est une technologie inventée par l'humanité, au même titre que la roue, l'agriculture et le moteur à explosion. Après la révolution agricole néolithique, la révolution industrielle, la maîtrise de l'atome et, plus récemment, une industrie chimique devenue folle, le numérique est le nouveau marqueur de notre société. Comme tout progrès technologique, il sera ce que les hommes en feront : le pire ou le meilleur, un terreau fertile pour nos enfants ou une fuite en avant vers une catastrophe annoncée.

Le moteur à vapeur a déclenché la conquête de l'Ouest, la fission nucléaire a engendré la guerre froide, à son tour, le numérique marquera fondamentalement le XXIe siècle, bien au-delà de ses simples capacités techniques. Cette grande force transformatrice modifie en profondeur l'organisation de la société, les rapports humains et les hiérarchies sociales : n'importe qui peut interpeller publiquement l'homme considéré comme le plus puissant du monde, le président des États-Unis, sur son fil Twitter ! Le numérique bouleverse aussi les équilibres économiques en « désintermédiant » les anciens modèles pour en fabriquer de nouveaux. Il défait littéralement des empires financiers et en crée d'autres, à une vitesse inédite. Il peut redonner du pouvoir au peuple, en lui rendant la parole, il l'abrutit pourtant de *fake news*. Il promet de mieux détecter certaines maladies et d'en trouver les remèdes. Il permet également de rendre une certaine autonomie aux personnes affectées d'un handicap, réduisant d'autant ce dernier. Mais il nous asservit aux octets, quotidiennement, dans nos vies professionnelles autant que familiales, de l'âge le plus tendre jusqu'au plus avancé, tant que nous sommes capables de tenir, de voir ou d'entendre.

On pratique aujourd'hui la paléogénétique, on pratiquera assurément demain une forme de paléonumérique. Et les chercheurs du futur nous considéreront sans doute comme les Cro-Magnon du numérique. Car, depuis trois générations, *Homo numericus* est en train de naître. À l'échelle numérique, nous sommes littéralement des hommes préhistoriques découvrant un feu qui nous fait peur et qui nous fascine, aussi, par son immense potentiel autant positif que négatif.

La question qui se pose aujourd'hui est très simple : comment apprivoiser le numérique ? Et que faire avec ? Les constats scientifiques sur l'état de la planète sont sans appel : ils nous imposent la réponse.

La dégradation massive et très rapide des écosystèmes, l'écroulement de la biodiversité, l'accélération exponentielle du changement climatique et l'épuisement des ressources naturelles doivent amener l'humanité à se penser au travers d'un prisme, celui du développement durable. Si nous n'enrayons pas, au plus vite, les différentes crises environnementales – et nous n'avons qu'une génération pour y parvenir – c'est notre mode de vie, voire notre survie, qui est en jeu. Heureusement, le développement durable nous promet un avenir enviable pour nos enfants. À une seule condition : réussir à concilier écologie, économie et humanisme dans une dynamique planétaire, homogène et solidaire. Sacré défi !

Reflet de son temps, le numérique ne pourra pas échapper au prisme du développement durable. En effet, nous sommes face à un dilemme trivial. Nos enfants devront-ils analyser *a posteriori* comment le numérique a précipité notre effondrement ? Ou parviendrons-nous à nous emparer de ce formidable outil pour édifier le monde dont nous rêvons pour eux ? Et, si nous choisissons de le faire, comment maîtriser le feu du XXIe siècle ? Comment le guider pour qu'il fertilise le champ de l'humanité plutôt qu'il consume la biodiversité des forêts primaires ?

Un constat évident s'impose à nous tous : il est urgent de rendre opérationnelle une approche alternative capable de garantir la production, dès leur origine, d'octets bio, équitables, locaux, accessibles, éthiques, utiles et constructifs, en quantité suffisante, mais surtout pas plus abondante que nécessaire. Ce prisme existe déjà, c'est celui de la conception numérique sobre et responsable. Il pose notamment la question de la place du numérique dans la société et nous guide vers un usage raisonné de cet outil au service de l'humanité, et non l'inverse.

Isabelle Autissier
Présidente du WWF France

INTRODUCTION

La matrice, c'est nous* ! Chacun de nos gestes numériques quotidiens – regarder la télévision *via* sa box ADSL, partager ses photos sur les réseaux sociaux, prendre rendez-vous chez le médecin, ou encore consulter le solde de son compte en banque – constitue un atome de l'univers numérique. Un univers qui enfle à une vitesse vertigineuse et dont l'expansion se traduit par des impacts environnementaux colossaux. Heureusement, le numérique peut aussi nous aider à relever les grands défis auxquels l'humanité doit faire face. Surtout si nous adoptons une posture de sobriété numérique.

* En référence à la matrice du film *Matrix* dans lequel l'humanité partage un même rêve, écrit à grand renfort de lignes de code.

UNE EMPREINTE ENVIRONNEMENTALE QUI CROÎT AUSSI VITE QUE L'UNIVERS

En 2018, on comptait « seulement » 15 milliards d'ordinateurs, consoles de jeux, smartphones et autres équipements numériques en activité tout autour de la Terre. En comptant les objets connectés, ils seront 65 milliards en 2025. Soit cinq fois plus en seulement sept ans !

Tous ces équipements sont manipulés par plus de quatre milliards d'internautes qui se connectent plusieurs heures par jour. La somme de nos interactions est colossale : 30 milliards d'heures d'utilisation quotidienne et des milliers de milliards de clics. GreenIT.fr évalue que le numérique représente 4,4 % de l'énergie primaire consommée par l'humanité et 4,2 % des émissions anthropiques de gaz à effet de serre (GES)[1]*. Cela semble peu, mais, selon l'indicateur observé, c'est autant que la consommation de 150 à 250 millions de Français, soit un 7e continent de la taille de trois fois la France !

Surtout, alors que l'impact de nombreux secteurs d'activité diminue, celui du numérique va doubler en 15 ans. Entre 2010 et 2025, la part du numérique passera de 2,4 % à 6,1 % de la consommation mondiale d'énergie primaire.

Ce « septième continent » numérique[2] contribue significativement aux crises majeures du XXIe siècle, telles

* Les appels de note numérotés renvoient aux références p. 201.

que le réchauffement global qui induit le dérèglement des climats, l'effondrement de la biodiversité ou l'épuisement des ressources abiotiques*. À son impact direct, s'ajoutent toutes les externalités négatives : le numérique accélère nos existences et nous donne accès à la planète entière : quelques clics suffisent à se procurer des biens manufacturés en Chine, des matières premières provenant des cinq continents et à organiser des déplacements partout dans le monde. La vitesse de remplacement des produits est très fortement corrélée avec la généralisation du numérique dans les foyers : l'explosion du commerce électronique augmente considérablement notre empreinte écologique et contribue ainsi à nous précipiter dans l'anthropocène, cette ère géologique marquée par de profonds bouleversements de la vie sur Terre.

UNE SOURCE PRÉOCCUPANTE DE STRESS ET DE CHARGE MENTALE

Pour la première fois depuis des siècles, la santé de l'humanité recule : la régression du QI moyen[3], par exemple, ou la baisse de l'espérance de vie[4] dans de nombreux pays en sont des indicateurs.

Certes, le numérique n'est pas responsable de tous ces maux, mais il y contribue. Ainsi, depuis leur apparition,

* Les ressources dites « abiotiques » sont des ressources naturelles non vivantes, donc non renouvelables à l'échelle humaine, comme les minerais ou les combustibles fossiles.

nous sommes littéralement collés à nos smartphones : chaque terrien passe environ six heures par jour rivé à un écran et même plus s'il est adolescent[5]. Ce n'est pas étonnant : nos usages numériques sollicitent le circuit de la récompense dans notre cerveau. Chaque mail que nous recevons, ou chaque « *like* » que nous attribuons libère de la dopamine, exactement comme les drogues dures : alcool, héroïne, etc. Les concepteurs de sites web et de services en ligne le savent très bien et utilisent ces mécanismes inconscients pour nous rendre dépendants. C'est une véritable épidémie, dont l'impact est si profond qu'il est en train de modifier nos rapports aux autres. Deux marqueurs sociétaux en témoignent : l'addiction aux jeux vidéo est reconnue comme une réelle dépendance depuis des années ; et l'on emploie désormais l'expression « *digital natives* » pour désigner la génération née entre 1985 et 1995 dont le smartphone semble être un prolongement naturel de la main et du cerveau[6].

Au travail aussi, le numérique est une source de stress. De plus en plus de cadres ne réussissent plus à faire face à l'avalanche de courriels qu'ils doivent tous les jours prendre en considération. Malgré des techniques avancées pour traiter ce flot, ils se laissent ensevelir par cette masse de données à l'origine d'une surcharge mentale qui contribue au phénomène de burn out très médiatisé depuis quelques années.

En outre, en fragmentant et en accélérant le temps, le numérique participe notablement à la production d'un stress quotidien délétère d'un point de vue sanitaire. Notre cerveau n'est littéralement pas conçu pour traiter autant d'informations aussi vite, et encore moins en étant interrompu en permanence par un mail, un SMS, un appel téléphonique ou encore un interlocuteur sur une messagerie instantanée. Or, le stress généré est le dernier signal d'alerte avant des dommages physiologiques plus graves et souvent irrémédiables. Difficile de qualifier cette situation de progrès !

Enfin, la somme des données disponibles en temps réel est telle qu'on parle dorénavant d'« infobésité ». À la fois parce que leur nombre augmente sans cesse, mais aussi parce que la qualité générale de ces informations s'est notablement dégradée : les perles de notre savoir sont noyées au milieu d'un océan de *fake news*. On ne sait plus où trouver des renseignements fiables, ce qui entraîne une perte progressive de repère et de confiance, tant dans les institutions que dans les médias. De quoi déstabiliser la société tout entière en accélérant encore la circulation de fausses informations.

SOIGNER, FORMER, DIFFUSER : DES PROGRÈS INDÉNIABLES

Heureusement, au-delà de ces aspects négatifs, le numérique peut aussi aider l'humanité à prendre soin d'elle-même. Ces 30 dernières années, la médecine a considérablement progressé grâce à l'informatique.

Sans ordinateur, impossible de passer une IRM, de séquencer un génome, de mener des recherches de pointe dans la plupart des disciplines scientifiques, ou d'entraîner les réseaux de neurones des intelligences artificielles à détecter des cancers.

Il en va de même de la diffusion des connaissances qui s'est prodigieusement accélérée et étendue. Désormais, presque n'importe qui peut accéder en quelques clics à l'encyclopédie universelle, à des caméras en temps réel tout autour du globe et aux meilleurs cours des plus grandes facultés. En 2018, 37 millions d'apprenants ont suivi gratuitement plus de 150 MOOC* d'universités aussi prestigieuses que Stanford, Harvard, Princeton, l'EPFL, Yale ou bien encore le MIT.

PRENDRE DE LA DISTANCE FACE À LA RÉVOLUTION NUMÉRIQUE

Face à ces grandes forces que sont la transformation numérique en cours (certains parlent de révolution) et la nécessaire transition écologique, il est impératif de prendre de la distance. Nous ne devons pas nous laisser

* Le MOOC, acronyme de « *massive open online course* », est un nouveau type de formation en ligne. Ouvert à tous, un MOOC s'appuie sur des contenus au format texte, des forums de discussions et des contenus multimédias : enregistrements audio et vidéo. La plupart proposent également des quizz et d'autres systèmes d'évaluation en ligne.

dominer par cette invention, mais plutôt en tirer le meilleur. Il s'agit de comprendre en quoi et comment un usage raisonné du numérique peut être bénéfique. Or, il y a urgence : tous les signaux montrent qu'*Homo numericus* est littéralement hypnotisé par sa découverte. Si le numérique est à l'humanité actuelle ce que le feu était à nos ancêtres, alors nous devons absolument prendre conscience que nous sommes en train de nous brûler ! Cette prise de recul est indispensable, car, tandis que les écosystèmes terrestres s'effondrent et que le dérèglement climatique s'amplifie chaque jour un peu plus, les décideurs des pays dits « développés » ne jurent plus que par le numérique et par la « tech » pour sauver la planète. Cette illusion hypothèque l'avenir de nos enfants.

Comme la roue et le feu, le numérique doit être un outil au service de l'humanité et non ce qui accélérera sa perte. Car nous en sommes là : la frénésie numérique actuelle contribue assurément à précipiter notre chute, notamment au travers de la dégradation des écosystèmes, des tensions économiques qu'elle provoque et, par ricochet, de l'instabilité politique associée à l'exploitation de certaines ressources. Le cas du coltan, en République démocratique du Congo, en est un exemple frappant, parmi beaucoup d'autres. L'extraction de ce minerai des conflits, *via* le travail forcé de 40 000 enfants, finance les groupes armés et déséquilibre la région.

Prendre de la distance ne signifie pas se passer totalement du numérique, mais plutôt être raisonnable. Parmi les gestes clés pour réduire son empreinte numérique, tout le monde peut conserver un peu plus longtemps son smartphone et son ordinateur, favoriser leur réparation et leur réemploi. Nous pouvons également limiter notre consommation de services en ligne en réservant le *cloud* aux usages les plus critiques. L'enjeu numéro un est de ne pas se tromper de combat, c'est-à-dire de mettre en œuvre, en priorité, les gestes qui ont le plus d'effet tout en demandant le moins d'effort.

LA LOW-TECH COMME OUTIL DE RÉSILIENCE FACE À L'EFFONDREMENT ?

En 1969, nous sommes allés sur la Lune avec 70 Ko de données*. Cinquante ans plus tard, cela ne permet même pas d'envoyer un e-mail ! La clé de la réussite des missions Apollo ? Un compromis inventif entre des solutions numériques de pointe, embarquées directement dans la capsule spatiale, et des ingénieurs à terre qui maîtrisaient parfaitement leur règle à calcul, une invention low-tech vieille de plusieurs siècles, fondée sur l'emploi ingénieux des logarithmes pour simplifier les opérations arithmétiques.

* La capacité de stockage de l'ordinateur de bord de la mission Apollo était en effet de 70 Ko, soit la taille moyenne d'un courriel aujourd'hui.

Si nous avons tant régressé, ces dernières décennies, dans notre ingéniosité à utiliser le numérique, c'est essentiellement par paresse, et parce que nous avions l'illusion de pouvoir nous permettre un « tout numérique ». Les chiffres démontrent aujourd'hui le contraire. Il est donc temps de considérer le numérique comme une ressource critique qui devrait être réservée à des usages vraiment stratégiques pour l'humanité, comme sauvegarder et diffuser largement la connaissance que nous avons acquise durant de nombreux millénaires. La transmission de la culture et de la connaissance est en effet une clé fondamentale de résilience face à l'effondrement en cours.

Pour le dire autrement, nous sommes à l'heure du choix, et ce choix engage l'avenir de nos enfants. Allons-nous augmenter indéfiniment la taille de l'écran qui trône fièrement au milieu du salon et le remplacer à chaque coupe du monde de football ? Ou ménager nos ressources numériques pour des usages plus déterminants ? Il est urgent de retrouver l'esprit critique et l'ingéniosité qui caractérisent le genre humain pour ne pas sombrer dans le tout technologique. Car celui-ci est une illusion qui ne pourra pas durer : les stocks de minerai seront bientôt épuisés !

L'avenir numérique n'est pas écrit. Au contraire, c'est maintenant qu'il se décide. Il sera à l'image de nos choix présents : un cauchemar écologique qui précipitera notre chute ou, à l'opposé, une « arme de résilience massive » face à l'effondrement en cours.

Assumons la sobriété. Comme les ingénieurs de la Nasa en 1969, inventons un univers numérique massivement low-tech qui côtoie aussi des solutions de pointe. C'est notre seule chance d'atteindre le facteur 4*, désormais considéré par le Groupe d'expert intergouvernemental sur l'évolution du climat (GIEC) comme l'effort minimal nécessaire pour limiter la hausse de la température moyenne sur Terre à 2 °C d'ici à la fin du XXIe siècle[7].

PLUS QU'UN PLAIDOYER, UN LIVRE POUR PASSER À L'ACTION

L'ambition de cet ouvrage est de vous amener à imaginer la place que le numérique devrait jouer dans votre vie et celle de vos enfants. Plutôt qu'un long discours linéaire, nous vous proposons une liste de mots qui caractérisent le numérique, notamment ses dimensions sociale et environnementale.

Grâce à ces clés de compréhension, nous espérons que vous prendrez conscience de l'urgence et de l'importance de redéfinir la place du numérique dans notre société et, au moins à court terme, d'adopter une posture de sobriété.

En parallèle de cette réflexion, nous souhaitons aussi vous aider à agir dès aujourd'hui, en vous guidant

* Le terme « facteur 4 » désigne la division par quatre des émissions de gaz à effet de serre entre le niveau de 1990 et celui de 2050.

vers des attitudes et des gestes quotidiens simples et efficaces. Vous les retrouverez dans la deuxième partie, page165.

COMMENT LIRE CE LIVRE ?

Pour faciliter votre lecture, nous sommes partis des termes que vous utilisez tous les jours et y avons ajouté quelques clés incontournables. Pour éviter de multiplier les entrées, nous en avons regroupé certaines, par exemple « gaz à effet de serre », « carbone » et « CO_2 ». Un index page 195 vous permet de naviguer aisément d'un mot, ou d'une expression, à l'autre.

À la manière des liens hypertextes, les soulignements renvoient aux autres définitions.

PARTIE 1

LES MOTS POUR COMPRENDRE

Les mots sont des armes. S'ils sont maîtrisés, ils peuvent devenir de puissants accélérateurs du changement. Voici donc une sélection de mots clés qui sont autant d'outils et de repères pour nous aider à penser une forme de décroissance numérique, mais, aussi, pour faire de la *sobriété* un des piliers de notre résilience.

3P

Les trois piliers du développement durable sont la dimension sociale – soit l'amélioration de la condition humaine (*people*, en anglais) –, la préservation de l'environnement (*planet*) et la performance économique (*profit*). Ils ont donné l'acronyme 3P, contraction de *People, Planet, Profit*. Penser l'avenir à l'aide de ces trois dimensions simultanément est essentiel pour atteindre les objectifs du développement durable.

4G

Plusieurs études, qui portent notamment sur des analyses de cycle de vie, montrent que, pour transmettre une même quantité de données, un réseau mobile de 4e génération (4G) impacte environ 20 fois plus la planète qu'un réseau filaire de type ADSL ou fibre + wifi[8]. Ce constat est essentiellement lié à la capillarité du réseau d'antennes relais, au fait que ces antennes fonctionnent 24 h/24 et à la technologie elle-même qui nécessite proportionnellement plus d'énergie qu'une technologie filaire (cuivre ou fibre).

La 5G diffère en termes de conception : sa puissance d'émission sera à la fois supérieure et plus focalisée. Elle n'est pas encore déployée, il est donc trop tôt pour connaître ses impacts et les comparer à ceux de la 4G ou à ceux des connexions filaires.

Ce qui est certain, c'est qu'une conception plus sobre des services numériques permettrait de réaliser nos usages numériques les plus importants en 2G et en 3G. La 4G et la 5G augmentent considérablement le débit disponible pour l'utilisateur final, ce qui autorise le développement de nouveaux usages – multimédia en particulier – et assure dès lors la croissance économique des secteurs des télécommunications et du numérique. Mais à quel prix pour l'environnement ? Et pour notre santé, notamment en raison des ondes électromagnétiques qui sont générées ?

4R

La démarche dite des « 4R » vise à réduire, réparer, réemployer, recycler.

- Réduire la demande à la source pour éviter de devoir y répondre par la fabrication d'un matériel électronique.

- Réparer les équipements qui peuvent l'être avant d'envisager de les changer et éviter ainsi la fabrication d'un équipement supplémentaire.
- Réemployer des équipements d'occasion/reconditionnés pour éviter d'en fabriquer de nouveaux.
- Et enfin, recycler les déchets électroniques, avec deux objectifs à la clé : limiter au maximum les impacts environnementaux associés à la fin de vie et récupérer un maximum de matières premières pour ne pas avoir à en extraire de nouvelles dans la nature.

Cette démarche des 4R n'est pas propre au numérique, mais la hiérarchie de ses actions s'y prête bien. En effet, nous collectons peu nos déchets électroniques et nous les recyclons très mal. Il est donc essentiel de réduire nos besoins à la source et d'allonger la durée de vie de nos équipements.

Accessibilité numérique

Le numérique est un formidable outil pour ne pas exclure de la société les personnes en situation de handicap. Pourtant, par manque de prise en compte de nos différences, le numérique est aujourd'hui un outil qui crée de l'exclusion. La démarche d'accessibilité numérique permet à tout un chacun de profiter de l'ensemble des services numériques, notamment les services en ligne et les applications mobiles. Elle consiste à concevoir et à réaliser des services numériques qui tiennent compte des différences entre les individus afin de ne pas les discriminer.

Le respect de nos différences est la base fondamentale de l'humanité. Cette altérité prend de nombreuses formes : la cécité et la malvoyance, les handicaps moteurs, les limites cognitives, les troubles du spectre autistique, l'âge, les revenus économiques, les contraintes techniques (fracture numérique) ou encore la diversité culturelle, telle que la langue ou les concepts qui y sont associés.

L'idée n'est surtout pas d'« intégrer », mais au contraire de « ne pas exclure » l'autre. Au travers d'une démarche d'accessibilité numérique, l'objectif est donc de tirer parti de nos dissemblances pour concevoir des services numériques plus universels.

Par exemple, la SNCF vous rappelle les renseignements clés de votre voyage – destination, horaire, numéro du train et de votre place dans le TGV – en vous envoyant un simple SMS la veille de votre départ, ce qui permet à chacun de recevoir et d'accéder à l'information, même depuis un simple téléphone mobile. Dans un autre registre, Tesco a été très surpris de constater que sa boutique en ligne dédiée aux malvoyants était visitée par une majorité de clients sans aucun problème de vue. Ceux-ci préféraient tout simplement son interface dépouillée et moins agressive que celle de sa boutique standard.

Les bénéfices de l'accessibilité numérique ne sont donc pas réservés aux personnes en situation de handicap. En général, plus un service numérique est accessible, et plus il est apprécié par l'ensemble des utilisateurs.

ADSL

L'*asymmetric digital subscriber line* (ADSL) est la technologie réseau la plus employée en France pour connecter les particuliers et les petites entreprises à l'internet. Elle s'appuie sur les lignes téléphoniques historiques (des câbles en cuivre). Déployées en France depuis des décennies, ces lignes téléphoniques ont proportionnellement moins d'impacts environnementaux que les antennes relais utilisées pour la 4G. Cette meilleure performance environnementale s'explique surtout par la durée de vie du cœur de réseau (les lignes téléphoniques) qui se compte en décennies.

Analyse de cycle de vie (ACV)

Pour réduire les impacts environnementaux du numérique, il faut identifier leurs sources et comprendre leurs natures. C'est le rôle de l'ACV. Cette méthode standardisée[9] quantifie les impacts environnementaux à chaque étape du cycle de vie – fabrication, utilisation, fin de vie – d'un produit ou d'un service. Parmi les indicateurs employés pour témoigner de l'empreinte du numérique, on considère généralement l'épuisement des ressources abiotiques (ressources naturelles non renouvelables), l'eutrophisation (asphyxie des milieux aqueux par la prolifération d'algues), l'acidification de l'air, du sol et de l'eau (qui tue, entre autres, les organismes aquatiques à la base de la chaîne alimentaire), le réchauffement global, les tensions sur l'eau douce, la toxicité humaine et l'écotoxicité.

Dans le domaine du numérique, l'analyse peut être réalisée à trois niveaux différents :

- les équipements (ordinateurs, smartphones, serveurs, etc.) pris individuellement ;
- l'ensemble du système d'information d'une organisation ;
- et les services numériques qui permettent de réaliser un acte métier tel que « trouver l'horaire d'un train », « consulter le solde de son compte en banque », ou « prendre rendez-vous chez le médecin », grâce à un ensemble d'appareils.

Ainsi, on sait que fabriquer un ordinateur portable de 3 kg nécessite approximativement 1 t de matières premières et émet environ 200 kg de gaz à effet de serre (GES), contre 2 t et 300 kg de GES pour un écran de 27 pouces et 250 kg de matières premières et 80 kg de GES pour un smartphone.

Pour quantifier les impacts environnementaux du service numérique « trouver l'horaire d'un train », il faut comptabiliser les impacts associés à la construction et à l'utilisation de l'ensemble des équipements des utilisateurs (ordinateurs, tablettes, smartphones) ainsi que de tous les serveurs de l'entreprise utilisés pour présenter les horaires de train, sans oublier le réseau qui relie le fournisseur du service aux utilisateurs. L'exercice se fait au *prorata temporis* de la durée d'utilisation pour les impacts liés à la fabrication.

Les indicateurs environnementaux retenus pour chiffrer les impacts d'un service numérique sont généralement de trois types : ceux qui accélèrent la régression de la biodiversité, et ceux qui contribuent à l'épuisement des ressources abiotiques, avec d'un côté les matières premières et de l'autre l'énergie (exprimée en énergie primaire). La consommation d'eau et d'énergie finale sous la forme d'électricité est également comptabilisée ainsi que, parfois, certains flux comme la production de déchets électroniques ou de papier.

À périmètre d'étude identique, toutes les ACV indiquent que ce sont l'extraction des minerais et leur transformation en composants électroniques (mémoire, microprocesseur, dalle LCD) qui concentrent la majorité des impacts sur le cycle de vie complet de l'équipement.

Les ACV portant sur les services numériques les plus répandus – moteurs de recherche, courriels, réseaux sociaux, sites web, services en ligne, banques en ligne, jeux vidéo, etc. – montrent qu'en France les impacts sont surtout associés aux utilisateurs et, notamment, à la fabrication de leurs équipements.

Une ACV peut aussi mettre en évidence les paramètres les plus sensibles du système étudié, ceux qui influencent le plus le résultat final. Pour un service en ligne grand public, par exemple, il s'agit du nombre d'utilisateurs par serveurs, du type de terminal des utilisateurs (ordinateur de bureau avec écran 24 pouces ou smartphone d'entrée de gamme), de leur durée de vie et du type de réseau employé.

Une fois les éléments les plus sensibles identifiés, il est possible de se tourner vers la méthodologie d'éco-conception pour réduire au maximum ces paramètres et, *in fine*, l'impact environnemental du service.

Grâce au respect des standards (notamment ISO 14044 et ISO 14040 qui définissent la façon de réaliser une ACV et de présenter les résultats), on peut évaluer de façon homogène les impacts environnementaux de plusieurs produits du même type. On peut donc progressivement tendre vers un affichage environnemental qui sera, à terme, plus complet que celui d'une simple consommation électrique sur la phase d'utilisation. L'électricité n'étant pas un facteur environnemental.

Batteries

Malgré des milliards de dollars dépensés en recherche et développement chaque année, il n'est toujours pas possible de stocker l'électricité à grande échelle. Elle doit donc être produite au fur et à mesure des besoins ou stockée en toute petite quantité, notamment dans les batteries de nos équipements électroniques.

Les batteries les plus utilisées dans le numérique s'appuient sur la technologie lithium-ion. Leur fabrication nécessite des minerais tels que le lithium, le graphite, le cobalt, le manganèse, dont le cours s'est envolé depuis 10 ans, ce qui est logique puisqu'ils sont de plus en plus rares et de plus en plus demandés.

Or, ces minerais sont toxiques et dangereux pour la santé, il est donc indispensable de les recycler convenablement lorsque les batteries arrivent en fin de vie. Malheureusement, à l'échelle mondiale, 1 % seulement du lithium contenu dans les batteries est récupéré. Et le lithium recyclé n'est pas réutilisé pour fabriquer de nouvelles batteries, car il risque d'être insuffisamment pur. Recycler les batteries ne permet donc pas de créer une « économie circulaire », et des progrès considérables doivent encore être faits pour réduire leurs impacts environnementaux.

D'autre part, la batterie est la principale pièce d'usure d'un équipement numérique. En toute logique, elle devrait pouvoir être remplacée par l'utilisateur – tout comme un automobiliste change un pneu ou la batterie de sa voiture quand ils sont usés. Selon la directive européenne 2006/66/EC, les fabricants doivent le permettre… sauf s'ils proposent un service de remplacement de batterie. C'est grâce à cette faille juridique, insérée dans le texte de loi par les industriels, que les fabricants continuent de vendre, partout en Europe, des smartphones et des ordinateurs portables dont les batteries sont soudées. Autant dire que cette pratique est particulièrement délétère pour l'environnement puisqu'elle implique de changer tout l'équipement, même s'il est parfaitement fonctionnel. Pour tendre vers un numérique plus responsable, nous devons absolument prohiber ce type de mécanisme à l'échelle de la planète tout entière.

Biodiversité

On s'intéresse à la biodiversité parce qu'elle s'écroule actuellement à un rythme 100 à 1 000 fois supérieur à son rythme naturel.

La biodiversité décrit la diversité des organismes vivants à toutes les échelles et au sein même d'une espèce. Par abus de langage, on la résume souvent au nombre d'espèces présentes au sein d'un écosystème déterminé. Elle décrit pourtant aussi les interactions entre les formes de vie et avec leur environnement.

La valeur des services rendus aux êtres humains par l'écosystème planétaire est estimée à environ deux fois le produit intérieur brut mondial[10]. Leur quantité et leur qualité dépendent directement de la biodiversité. Par exemple, 70 % des cultures (soit 35 % du tonnage de ce que nous mangeons) dépendent directement des insectes pollinisateurs, et notamment d'*Apis mellifera*, l'abeille domestique.

Or, selon le dernier rapport de l'Union internationale pour la conservation de la nature, 28 % des espèces sont menacées de disparition à l'échelle de la planète. Et depuis 1970, les populations d'animaux sauvages ont diminué de 60 % d'après le WWF. En France, 33 % des espèces de mammifères sont ainsi menacées. L'accélération est telle que les scientifiques évoquent un sixième épisode d'extinction massive de la vie sur Terre. Souvent résumée par l'expression « écroulement de la biodiversité », cette régression écologique pourrait être à l'origine de l'effondrement de l'humanité.

Il est indéniable que le numérique contribue activement à l'érosion de la biodiversité. Chaque étape du cycle de vie d'un équipement électronique a des conséquences majeures sur le réchauffement global, l'eutrophisation des milieux aquatiques, l'acidification de l'eau et du sol. L'extraction et la transformation des minerais en composants électroniques sont les deux étapes du cycle de vie dont les impacts sont les plus importants. L'extraction de l'or, par exemple, repose sur l'utilisation de mercure qui pollue les eaux et tout l'environnement de façon extrêmement problématique. La transformation en composants électroniques nécessite de nombreuses réactions chimiques, des processus lourds tels que la fonte en hauts-fourneaux (1 700 °C), et une très grande quantité d'énergie. En dernier lieu, la fin de vie des équipements numériques a, bien entendu, un fort impact supplémentaire : parce qu'ils ne sont pas ou mal pris en charge, ils se décomposent pendant des décennies, polluant le sol et les nappes phréatiques, et empoisonnant la faune et la flore pendant des dizaines de générations.

Bitcoin

Le *bitcoin* est une monnaie virtuelle. Présentée pour la première fois en novembre 2008 par une (ou plusieurs) personne restée anonyme derrière le pseudonyme de Satoshi Nakamoto, cette cryptomonnaie repose sur un registre décentralisé constitué de « blocs » assemblés les uns aux autres pour former une chaîne. C'est le mécanisme de la *blockchain.* Chaque évènement – création ou cession – de la vie d'un *bitcoin* donne naissance à un ou plusieurs blocs. Or, chaque bloc est calculé par un tiers indépendant puis agrégé aux blocs précédents pour façonner une signature infalsifiable. Plus le temps passe, plus la taille de la *blockchain* grandit, car le nombre de blocs la composant augmente. La *blockchain* croît donc à l'infini.

Ce mécanisme n'est pas sans rappeler celui de la révolution industrielle qui a mené à l'économie capitaliste dont on découvre aujourd'hui les limites. La *blockchain* suggère, en raison de sa conception même, que les ressources numériques sont infinies et qu'elles n'ont pas d'impact sur l'environnement. Difficile, dans ces conditions, de faire reposer une nouvelle économie décentralisée – le principe même de la *blockchain* – sur un système qui se heurtera tôt ou tard aux limites que cette solution technique est censée dépasser.

Carbone, CO_2 et gaz à effet de serre

Que de confusion entre le carbone, le dioxyde de carbone et les gaz à effet de serre (GES) !

Disculpons tout de suite le carbone qui n'est pas un GES, mais l'élément chimique à la base de la vie sur Terre.

En revanche, le dioxyde de carbone (CO_2), constitué d'une molécule de carbone (C) et de deux molécules d'oxygène (O_2), est bien un GES. Par abus de langage, les médias et certains « experts » utilisent les termes de « carbone », « empreinte carbone », « bilan carbone », laissant penser que le réchauffement global vient du carbone. Ce n'est absolument pas le cas.

Le CO_2 est le principal GES anthropique – c'est-à-dire émis par l'humanité –, mais ce n'est pas le seul, tant s'en faut. Les GES naturels majeurs sont la vapeur d'eau (H_2O), le CO_2 et le méthane (CH_4). Le méthane anthropique provient essentiellement de l'élevage, tandis que la vapeur d'eau est par exemple issue de la fabrication de l'électricité dans les centrales nucléaires. Eh oui, en France, quand vous rechargez la batterie de votre smartphone, vous émettez surtout de la vapeur d'eau !

Si l'on s'intéresse tant au CO_2, c'est parce qu'il est principalement émis par les moteurs à explosion des véhicules ainsi que par les dispositifs de chauffage, de cuisson et de production d'eau chaude fondés sur la combustion d'énergies fossiles – pétrole, gaz naturel et charbon – et de bois.

L'unité pivot « kilo équivalent CO_2 » permet d'additionner des quantités de GES de différentes natures. La conversion s'effectue en fonction du potentiel de réchauffement global (PRG) de la molécule à 100 ans. Le PRG tient compte du forçage radiatif de la molécule et de sa durée de vie dans l'atmosphère. Le forçage radiatif est la capacité d'un gaz à renvoyer de la chaleur vers le sol et donc à emprisonner de l'énergie solaire sur Terre. On multiplie le forçage radiatif d'un gaz et sa durée de vie qu'on rapporte ensuite à ceux d'une molécule de CO_2 restant 100 ans dans l'atmosphère. Ce ratio est recalculé régulièrement par le GIEC.

Par exemple, bien qu'elle ne reste que 12 ans environ dans l'atmosphère, une molécule de méthane (CH_4) a un PRG de 30, car son forçage radiatif est bien supérieur à celui d'une molécule de CO_2.

Grâce à cette unité pivot, on peut estimer la quantité de GES associée à la fabrication de nos équipements électroniques. À titre de repère, la fabrication d'une télévision de 40 pouces émet approximativement 3 000 kg équivalents CO_2, contre 80 kg équivalents CO_2 pour un smartphone, 250 kg équivalents CO_2 pour un ordinateur portable de 14 pouces et 500 kg équivalents

CO_2 pour un serveur. Ces différents GES proviennent, notamment, de la combustion des moteurs à explosion des excavatrices qui extraient des minerais tels que l'or du sol, puis de la transformation de ces minerais en microprocesseurs et autres composants électroniques.

En 2018, 4,2 % des émissions anthropiques de GES étaient directement liées au numérique[1]. Cela peut paraître peu en valeur absolue, mais c'est plus que l'aviation civile. Par ailleurs, les émissions de GES associées au numérique progressent plus vite que celles de la majorité des autres activités. Elles sont surtout dues à l'extraction des minerais et à leur transformation en composants électroniques ainsi qu'à la fabrication de l'électricité nécessaire au fonctionnement des équipements numériques, notamment des terminaux utilisateurs, du réseau, et dans une moindre mesure des centres informatiques.

Certification

Chaque individu est le moteur fondamental des changements profonds de la société. Il est donc essentiel d'identifier ceux qui possèdent des compétences intéressantes pour favoriser l'avènement d'un monde numérique plus responsable. C'est pourquoi la communauté française du numérique responsable propose deux certifications qui témoignent de l'acquisition de connaissances par un individu.

La première, dont le contenu a été mis au point par le Club Green IT et GreenIT.fr, porte sur la maîtrise des connaissances clés du numérique responsable. Elle est surtout recherchée par les entreprises pour recruter des professionnels capables de faire évoluer positivement leur système d'information. Cependant, des universités et de grandes écoles commencent à l'utiliser pour valider l'acquisition de connaissances par des étudiants en formation initiale.

La seconde, mise au point par GreenIT.fr et des membres du Collectif conception numérique responsable, porte sur la conception responsable de services numériques. De ce fait, elle s'adresse surtout aux professionnels tels que les agences web et les entreprises de service numérique qui conçoivent et éditent des services en ligne, des applications métier, et toute autre forme de service numérique. Universités et grandes écoles commencent également à s'y intéresser pour valider l'acquis des étudiants en formation initiale.

L'intérêt de ces certifications est double : permettre aux individus (étudiants, professionnels) et aux prestataires de se différencier en revendiquant leur maîtrise du sujet, et permettre aux donneurs d'ordre et aux employeurs de recruter des individus et de sélectionner des prestataires qui ont les compétences nécessaires pour réduire l'empreinte du numérique.

Une campagne a été lancée en 2019 auprès des pouvoirs publics par le Collectif conception numérique responsable pour inscrire ces certifications et les formations associées dans le parcours des étudiants en formation initiale en informatique.

Changement climatique

Cette locution, qui n'a aucun sens d'un point de vue scientifique, désigne à la fois le phénomène de réchauffement global, constaté à l'échelle mondiale et directement lié aux émissions anthropiques de gaz à effet de serre, et le dérèglement des climats locaux, résumés par l'expression : « dérèglement climatique », qu'il induit. Si l'on souhaite être précis, il est préférable d'utiliser l'une ou l'autre des expressions « réchauffement global » ou « dérèglement des climats » en fonction de ce que l'on souhaite décrire.

Chine

La Chine est le premier pays producteur de terres rares, des minerais très répandus, mais très peu concentrés (d'où leur nom) et indispensables à l'élaboration des équipements électroniques.

Depuis 20 ans, la Chine livre une véritable guerre économique au reste du monde en interdisant l'exportation de ces minerais. Elle monopolise par conséquent la fabrication de nombreux composants électroniques nécessaires à celle des appareils numériques utilisés sur toute la planète.

Elle est aussi le principal pays où sont assemblés ces composants, car la main-d'œuvre y est peu onéreuse et les conditions de travail bien plus souples que dans les pays de l'OCDE. Apple a ainsi reconnu, en 2011, que 40 % de ses sous-traitants employaient des enfants[11]. C'est également le cas de toutes les autres grandes marques. Enfin, la Chine a longtemps été une destination de choix pour nos déchets d'équipements électriques et électroniques qui y étaient exportés illégalement. Depuis 2018, ce n'est plus possible, car elle a interdit l'importation de ce type de déchets, dont la gestion est peu rentable si elle est pratiquée dans le respect de la très stricte réglementation environnementale. Par ailleurs, la plupart des métaux récupérés (or, argent, cuivre, etc.) ne sont pas assez purs pour être réutilisés directement dans la fabrication des équipements électroniques. En d'autres termes, cette activité, peu rentable, induit des impacts environnementaux importants sans générer d'avantage compétitif majeur.

Le flux concerne désormais le Nigeria et le Ghana.

Civic tech

L'idée des *civic tech* (pour *civic technology* ou « technologies citoyennes », en bon français) est d'améliorer le fonctionnement du système politique grâce au numérique, notamment en permettant aux citoyens d'être plus actifs dans la vie de leur démocratie. On distingue généralement deux grands axes de progrès : l'ouverture et la transparence des institutions d'une part, et une plus forte participation citoyenne d'autre part.

L'ouverture des données publiques (*open data*) contribue à l'amélioration de la transparence des institutions. Ainsi, en 2019, le site web du « grand débat » a été créé pour permettre à l'ensemble de la population de s'exprimer. En retour, l'ouverture et la transparence sont censées garantir que les données collectées seront bien prises en considération par les pouvoirs publics.

Si la *civic tech* est une bonne idée, elle ne doit cependant pas entraîner l'exclusion de tous ceux qui ne sont pas à l'aise avec le numérique ou qui n'ont tout simplement pas les moyens financiers d'y accéder. En effet, plus une démocratie se numérise et plus se crée une fracture vis-à-vis des laissés-pour-compte du numérique, qui sont encore des millions en France. Il faut donc absolument veiller à ce que ces outils soient conçus dans une démarche d'accessibilité numérique. De même, il est important de s'assurer qu'ils ne serviront pas à manipuler la collectivité. Il faut donc également ajouter l'éthique aux différentes dimensions à prendre en compte lors de la conception de ces outils.

Cloud

Si vous pensez que « le *cloud*, c'est green », c'est que vous vivez sur un petit nuage ! Malgré son nom évocateur d'une certaine légèreté, le *cloud* engendre une consommation importante de ressources et augmente ainsi les impacts environnementaux associés aux usages numériques. Le *cloud* est un « nuage virtuel » de données qui se déplacent en continu, sur l'internet, entre de nombreux serveurs qui traitent ces données et des terminaux (ordinateurs, tablettes, smartphones) qui les affichent, les manipulent et les créent. Ces données et ces traitements se trouvaient autrefois dans les ordinateurs. Pour se connecter à ses propres données et les traiter, il faut donc ajouter une connexion réseau qui n'était pas nécessaire auparavant. Ce sont par conséquent des impacts supplémentaires, surtout en 4G. Or, *cloud* et 4G sont indissociables. Si la 4G s'est généralisée, c'est pour pouvoir utiliser le *cloud*. Et si le *cloud* existe, c'est pour pouvoir accéder à ses données en situation de mobilité. Pour rappel, la 4G réclame 20 fois plus d'énergie qu'une connexion filaire (fibre, ADSL) pour transporter une quantité analogue de données.

Par ailleurs, il y a une certaine forme d'absurdité à télécharger 100 fois par an le même morceau de musique en streaming. Pourquoi ne pas récupérer le fichier une bonne fois pour toutes et le garder sur son disque dur ? La logique est identique pour les applications web : avec la mode des architectures dites « SPA » (pour *single page application*), une application est désormais téléchargée et réinstallée lors de chacune de ses utilisations.

Si ces habitudes se démocratisent, c'est principalement pour des raisons de confort, notamment parce que le *cloud* permet de ne pas avoir à synchroniser ses données entre différents terminaux et d'y accéder n'importe quand et de n'importe où ainsi qu'aux services en ligne. Toutefois, ce confort coûte cher à la planète, d'autant que *cloud* et 4G ont considérablement augmenté la quantité et la durée de nos activités numériques. Quand le *cloud* et la 4G n'existaient pas, les usages connectés se produisaient essentiellement aux heures de bureau et à la maison. Aujourd'hui, tout le monde est connecté 24 h/24, dans le métro, le bus, le train, l'avion, la voiture, dans la rue, au musée, au parc, partout.

CO_2

Voir Carbone, CO_2 et gaz à effet de serre.

Coltan

« Coltan » est l'abréviation de colombite-tantalite. C'est un minerai dont on extrait le niobium et le tantale, ce métal stratégique surtout utilisé dans la fabrication de composants électroniques de faible puissance comme les condensateurs et les filtres à ondes de surface (indispensables au fonctionnement d'un smartphone). Le secteur de l'électronique monopoliserait à lui seul de 60 % à 80 % du marché du tantale.

Sa valeur économique a été multipliée par cinq en deux ans, passant de 20 000 €/kg, en mars 2016, à 95 000 €/kg, en mars 2018. Située à la frontière orientale de la République démocratique du Congo (RDC), la région du Kivu concentrerait de 60 % à 80 % des réserves mondiales de ce minerai tant convoité. Depuis 20 ans, la présence de coltan y entretient un conflit armé, décrit par Danielle Beaugendre[12] en 2004 : c'est l'un des plus meurtriers depuis la Seconde Guerre mondiale, avec plus de six millions de morts et des dégâts inestimables pour les espèces locales, le gorille des montagnes, notamment, dont la population n'a jamais été si menacée.

Après les « diamants de sang », le coltan est désormais considéré comme le principal minerai des conflits, sa très forte demande par l'industrie électronique engendrant des affrontements qui déstabilisent des régions ou des pays entiers. Amnesty International estime ainsi que 40 000 enfants travaillent dans les mines de coltan de RDC, et de nombreux cas d'esclavage et d'enfants soldats y sont malheureusement avérés.

Pour en finir avec cette situation, certains pays comme les États-Unis ont mis en place une réglementation encadrant le commerce des minerais (la loi Dodd-Frank). Cette réglementation impose, entre autres, une meilleure traçabilité des minerais, ce qui permet d'éviter d'utiliser ceux qui proviennent de zones en conflit. Paradoxalement, l'Europe peine à s'engager fermement sur ce sujet et elle est désormais à la traîne alors que sa législation environnementale et sociale a longtemps été considérée comme la plus avancée.

Communs numériques

À l'heure où tout s'achète et tout se vend, la notion de « bien commun » reprend peu à peu une place dans la société. Dans le droit romain, un bien commun (*res communis*) était une chose inappropriable par essence, telle que l'air et l'eau. La plupart des éléments sur lesquels repose notre survie sont des biens communs : l'air, l'eau, les forêts, les terres arables, la culture et les savoirs, etc.

À l'instar des terres arables et de l'eau, les biens communs les plus faciles à exploiter ont déjà été partiellement ou totalement privatisés, ce qui signifie que des êtres humains se sont octroyé leur propriété. Heureusement, comme le montre l'exemple de l'eau, certaines municipalités reprennent peu à peu la main sur ces biens communs, les transformant en « communs ».

On appelle « commun » une ressource qu'une communauté peut partager, utiliser de façon équitable, gérer et maintenir à l'aide de règles établies afin de la conserver et de la faire durer.

Dans le domaine du numérique, une partie des communs – protocoles de communication, formats de fichiers, logiciels, etc. – est protégée de la privatisation, au moins temporairement, par la standardisation et l'ouverture.

La standardisation des formats de fichier bureautique, par exemple, permet à plusieurs éditeurs et/ou communautés *open source* de proposer différents logiciels pour manipuler ces fichiers. Il n'est donc pas possible de rendre captifs les utilisateurs et les contenus utilisant ces formats.

L'ouverture des formats, spécifications techniques et logiciels, assure, quant à elle, la pérennité d'un bien commun numérique. Le web, par exemple, repose essentiellement sur des standards ouverts et sur des logiciels libres. Cette ouverture garantit qu'il ne pourra pas être privatisé et restera un bien commun numérique. De même, les protocoles de communication à la base de l'internet – IP (*internet protocol*), TCP (*transfert control protocol*), HTTP (*hypertext transfert protocol*) – sont sanctuarisés sous la forme de standards ouverts. Certains logiciels très répandus et qui constituent aujourd'hui le système nerveux de l'internet sont eux aussi sanctuarisés par l'ouverture de leur code source. C'est notamment le cas de Linux, Apache, NGINX, Postfix, KVM, OpenDNS, etc.

Pour que l'avenir numérique ait un sens et que ces outils aident l'humanité à faire face aux défis qu'elle devra relever, il faut absolument que les bases du système de communication mondial reposent exclusivement sur des « communs numériques ». Outre la garantie de l'accès au service, leur ouverture favorise leur appropriation et leur maintenabilité dans le temps par le plus grand nombre. Car, comme une voiture, les logiciels tombent en panne. Ils doivent par conséquent être régulièrement maintenus, réparés et mis à jour. Plus nous serons nombreux à être capables de les entretenir et de les faire évoluer, plus le système de communication mondial sera pérenne.

Les licences logicielles libres et *open sources* et les licences Creative Commons participent donc à la protection des communs numériques en empêchant légalement leur privatisation et/ou en garantissant leur ouverture.

Conception responsable de services numériques

Cette démarche applique le principe de l'écoconception aux services numériques, en y ajoutant les volets social et économique. Souvent résumée en « conception numérique responsable », et parfois représentée par le sigle CNR, elle désigne « la conception de services numériques plus performants d'un point de vue environnemental, économique et social[13] ». Il s'agit autant de réduire des impacts que de créer de la valeur en innovant. Pour améliorer la performance sociale, on s'appuie aussi bien sur la mise en œuvre de bonnes pratiques d'accessibilité numérique que sur le respect de la vie privée, des exigences éthiques, etc. La performance sociale d'un service numérique peut également être renforcée si l'on s'assure que les serveurs qui lui permettent de fonctionner sont reconditionnés par un acteur de l'économie sociale et solidaire ou de l'économie adaptée (handicap).

La performance économique provient surtout de l'efficience qu'apporte la sobriété. Elle se traduit par une satisfaction plus grande des utilisateurs et leur fidélisation ; mais aussi par une réduction des dépenses d'investissement (CAPEX) et d'exploitation (OPEX), ce qui augmente mécaniquement la marge de l'éditeur du service conçu de façon responsable.

Consommation énergétique

On confond régulièrement les termes « énergie » et « électricité » alors qu'ils désignent deux périmètres différents, enchâssés l'un dans l'autre. L'électricité est une forme spécifique d'énergie. Lorsqu'elle alimente des équipements numériques, on parle d'énergie « finale » ; lorsqu'elle sert à créer de la chaleur (four, radiateur, etc.), d'énergie « secondaire » ou « intermédiaire », la chaleur étant la forme finale de l'énergie.

Le grand public s'intéresse à la consommation électrique des équipements électroniques, notamment des smartphones, parce que c'est la seule étape du cycle de vie et la seule forme d'énergie qu'il perçoit aisément.

Certes, la consommation électrique du numérique est importante – de l'ordre de 6,4 % de la consommation électrique mondiale en 2018[1] – et elle a effectivement des impacts environnementaux. Cependant, l'empreinte du numérique provient essentiellement de l'extraction des minerais et de leur transformation en composants électroniques. Même en se focalisant uniquement sur cet aspect, à l'échelle d'un smartphone ou d'un ordinateur portable, l'énergie nécessaire à leur fabrication (énergie grise) est largement supérieure à l'électricité qu'ils consommeront durant toute leur utilisation. Par exemple, la consommation électrique d'un smartphone ne représente que 20 % de son bilan énergétique global : 80 % de la dépense énergétique se produit au cours de la fabrication de l'appareil.

C'est pourquoi, plutôt que comptabiliser la consommation électrique, ce qui limite l'analyse à la phase d'utilisation, on considère systématiquement le bilan énergétique global sur le cycle de vie complet, que ce soit pour un équipement ou pour un service numérique.

Data center

Traduit à tort par « centre de données », un *data center*, ou centre informatique, est l'un des trois éléments qui structurent l'organisation générale du numérique, avec le réseau et les terminaux des utilisateurs. Un *data center* est un bâtiment qui héberge des serveurs et des baies de stockage de données. Les premiers sont de gros ordinateurs sans écran qui réalisent des traitements – ils calculent, par exemple, le solde de votre compte en banque et créent la page web qui s'affiche dans votre navigateur avec ce chiffre – ; les seconds sont des sortes d'armoires dans lesquelles sont empilés une multitude de disques durs où sont stockées les données.

Compte tenu de l'architecture internet actuelle, plus nos usages numériques augmentent, plus les traitements sont nombreux sur les serveurs. Le nombre de centres informatiques, leur taille et la quantité de serveurs qu'ils hébergent ne cessent donc de croître.

L'énergie étant de plus en plus chère, le principal défi des centres informatiques réside dans la réduction de leur consommation d'électricité, qui est devenue leur premier poste de dépense. Comme les ordinateurs, les serveurs fonctionnent à l'électricité, dont une partie se dissipe en chaleur (effet Joule). Un surplus d'énergie est donc nécessaire pour les refroidir.

Des progrès considérables ont été faits en ce sens depuis 15 ans : les serveurs fonctionnent à des températures plus élevées (exigences ASHRAE), consomment moins d'électricité et dissipent peu de chaleur. Leur confinement et leur organisation spatiale en allées froides réduisent encore la consommation électrique globale. Grâce à ces améliorations, les centres informatiques peuvent être refroidis uniquement par l'eau ou par l'air froid extérieur. Cette pratique de *free cooling* se généralisant, leur efficience énergétique a doublé ces 15 dernières années.

Contrairement à ce que laisse penser leur surmédiatisation actuelle, les *data centers* ne sont pas la principale source d'impacts environnementaux du numérique, tant s'en faut. À l'échelle de la planète, ils représentent généralement moins de 15 % des impacts, loin derrière les utilisateurs qui en concentrent plus des deux tiers[1]. Le reste des impacts se situe au niveau du réseau qui est le second tiers le plus impactant, loin devant les centres informatiques.

Déchets d'équipements électriques et électroniques (DEEE)

Les DEEE – souvent résumés en « déchets électroniques » ou *e-waste*, en anglais – sont classés selon sept catégories. Celles qui concernent le numérique regroupent notamment les écrans, les moniteurs, les serveurs, les équipements réseau, les baies de stockage, ainsi que les smartphones, les ordinateurs portables et les consoles de jeux vidéo. Parmi les autres catégories, on compte aussi les équipements électroménagers en fin de vie.

L'humanité produit 75 milliards de kilos de DEEE par an. La France est un mauvais élève avec 21,5 kg de déchets par habitant et par an contre 16,6 kg en moyenne européenne[14]. Toutefois, le poids n'est pas toujours un indicateur pertinent. Ainsi, les terminaux des utilisateurs – smartphones, tablettes ou ordinateurs portables – ne représentent pas un gros tonnage, comparés aux lave-vaisselle, réfrigérateurs et radiateurs électriques. Malgré tout, ils concentrent proportionnellement davantage de pollutions.

Avec le plastique et les émissions des moteurs à combustion, les déchets électroniques sont l'une des principales sources de pollution anthropique des écosystèmes. Seuls 30 % sont collectés à l'échelle de la planète. En France par exemple, 52 % (soit 10 kg sur les 21,5 kg de déchets) seulement ont été collectés en 2017. D'autre part, dans le monde, 70 % des DEEE font l'objet d'un trafic. Leurs conditions de stockage dans les décharges des pays occidentaux, d'une part, et les méthodes de récupération des métaux précieux en Afrique et en Asie, d'autre part, sont telles que nous mangeons littéralement nos smartphones ! Une étude de l'Agence américaine de protection de l'environnement estime ainsi que 70 % des métaux lourds (qui sont des polluants organiques persistants très toxiques, comme le mercure, le plomb et le cadmium) retrouvés dans le sol des décharges nord-américaines proviennent de DEEE qui n'ont pas été dépollués correctement. Ces métaux lourds s'infiltrent dans la terre, puis dans la nappe phréatique, dans les végétaux des rivières qui sont consommés par les poissons, eux-mêmes avalés par… les êtres humains. Bon appétit !

Par ailleurs, on ne sait toujours pas comment recycler les déchets électroniques. En Europe, les techniques les plus avancées permettent de récupérer les métaux précieux : or, argent et cuivre. Mais la plupart des autres matériaux, particulièrement polluants et onéreux, sont présents en trop petites quantités et trop mélangés pour que ce soit rentable. C'est par exemple le cas du tantale issu du coltan.

Il est donc urgent de favoriser en priorité la réparation et le réemploi, en particulier pour pouvoir laisser le temps aux filières de recyclage de se structurer, de s'industrialiser et de développer des techniques capables d'extraire plus de matériaux.

Une approche différente, mais complémentaire, consiste à concevoir et à fabriquer des équipements électroniques plus durables parce que de meilleure qualité et plus faciles à dépanner et à mettre à jour. C'est ce que propose le Fairphone, par exemple.

Enfin, la plupart de nos équipements électroniques sont remplacés non parce qu'ils ne fonctionnent plus, mais parce qu'ils deviennent trop lents, en raison notamment des mises à jour régulières des logiciels ou du système d'exploitation. Il est donc essentiel de juguler le phénomène de l'« obésiciel ».

Décroissance

« Un homme est riche de tout ce dont il peut se passer », expliquait Henry David Thoreau, philosophe américain du XIXe siècle, souvent considéré comme l'un des théoriciens de la simplicité volontaire et le père de l'idée de décroissance.

La décroissance est un concept protéiforme pour lequel il est difficile de trouver une définition de référence. Cette notion s'appuie notamment sur le constat que la croissance économique ne s'accompagne pas d'une réduction des inégalités, comme le démontrent par exemple l'économiste français Thomas Piketty et Tim Jackson, professeur en développement durable à l'université britannique de Surrey. Au contraire, et pour faire simple, depuis 1980 la croissance économique augmente les inégalités.

Derrière l'idée de décroissance se trouvent de nombreux mots clés du développement durable, tels que la relocalisation de l'économie et la réorganisation de la société à une plus petite échelle spatiale (local) ainsi qu'un rythme temporel moins rapide (« *slow* »). Ce changement d'échelle s'appuie sur des valeurs telles que le respect des êtres humains (éthique, équitable), le respect de l'environnement (bio, permaculture) et une économie au service de tous.

Le terme « décroissance » est provocateur et, avec son préfixe négatif, il se positionne volontairement en opposition à la croissance. Il est donc souvent perçu comme un retour en arrière et comme une théorie finalement dommageable. C'est pourquoi d'autres expressions ont été forgées pour décrire des approches très similaires, notamment la « sobriété heureuse » du mouvement Colibris, qui propose une alternative joyeuse, constructive et valorisant les bénéfices de la démarche.

En fin de compte, et au-delà des idéologies, comme la plupart des stocks de matières premières nécessaires à la fabrication de nos équipements numériques seront épuisés d'ici à une génération ou deux, il faudra bien se résoudre à la décroissance. Ces limites physiques devraient nous pousser, dès à présent, à repenser la gestion des dernières ressources et nous amener naturellement à considérer une évolution low-tech du numérique actuel ou, pour le moins, une articulation intelligente entre high- et low-tech.

Dématérialisation

Dans le domaine du numérique, la dématérialisation est un processus qui vise, dans la majorité des cas, à transformer des documents imprimés en documents bureautiques (Word, Excel, PDF, etc.). Ce transfert du papier aux octets ne dématérialise rien. Il se traduit simplement par un transfert de support et, par conséquent, des pollutions associées. En France, la plupart du temps, lorsqu'on passe au format numérique, certains impacts tels que la contribution à l'épuisement des ressources abiotiques et la production de déchets radioactifs augmentent tandis que d'autres, comme la contribution au réchauffement global, baissent, notamment du fait de notre mix électrique qui émet peu de gaz à effet de serre. Il n'y a cependant pas de règle absolue et il faut donc évaluer les impacts environnementaux de la dématérialisation au cas par cas.

En fin de compte, le bilan environnemental des octets est rarement meilleur que celui du papier. Il est surtout différent et dépend complètement du scénario d'utilisation. Mieux vaut, par exemple, emprunter un livre à la bibliothèque que le lire sur une liseuse électronique. Le même livre papier fabriqué une seule fois, mais lu par des centaines ou des milliers de lecteurs aura à coup sûr moins d'impact que la fabrication de centaines ou de milliers de liseuses électroniques. De la même façon, il vaut mieux emprunter un DVD à la médiathèque que de regarder un film en streaming ou d'acheter un DVD que l'on ne visionne qu'une seule fois et que l'on conserve sur une étagère. Il faut donc prendre du recul par rapport aux argumentations simplistes qui nous enjoignent de tout dématérialiser pour « sauver des arbres ». Le changement de support, du papier aux octets, a souvent moins d'effet positif qu'un changement de modèle de consommation, notamment le passage d'une consommation massive de supports individuels à la mutualisation de ces supports dans une logique d'économie collaborative.

Dépendance numérique

En 2016, les Français de moins de 30 ans consultent leur smartphone en moyenne 50 fois, et jusqu'à 220 fois, par jour[15], pour un usage quotidien d'environ quatre heures, soit un quart de leur temps éveillé. Ils sont 85 % à l'utiliser en compagnie de proches ou d'amis et 41 % à le regarder au milieu de la nuit. Ces chiffres hallucinants montrent que les champions de l'économie de l'attention ont gagné leur pari : les smartphones nous tiennent en laisse *via* les mécanismes physiologiques de la dépendance. L'addiction au numérique est d'ailleurs reconnue par le corps médical et désormais très bien documentée. Elle fonctionne exactement comme l'addiction au sucre ou à l'héroïne, *via* le circuit de la récompense. L'addiction démarre essentiellement avec le plaisir généré. Cette sensation est due à des modifications électrochimiques s'opérant dans le cerveau en réponse à la consommation d'une substance. On observe en particulier la libération de dopamine, la molécule « du plaisir », de la récompense… et de la dépendance. C'est ce qui se passe quand nous utilisons un smartphone pour « liker » un ami. L'interaction numérique – qui semble bien moins agressive qu'un rail de coke – remplace pourtant efficacement la substance ingérée. Une bonne hygiène numérique et des cures régulières de « *digital detox* » sont donc indispensables pour ne pas sombrer.

Des associations, comme le collectif « Lève les yeux », sensibilisent les utilisateurs et proposent des listes de lieux – bars, restaurants, etc. – où l'usage du smartphone est prohibé. À consommer avec modération, le numérique ?

Dérèglement climatique

Plus le phénomène de réchauffement global s'amplifie, notamment à cause de la hausse de la concentration de gaz à effet de serre (GES) dans l'atmosphère, plus les caractéristiques climatiques locales s'accentuent. On parle alors du dérèglement climatique. Ce dernier est en particulier dû à la baisse d'intensité des grands courants marins qui jouent un rôle de « climatisation mondiale ». Ces courants, résultant de différences de températures et de salinité, se forment aux pôles. Or, le réchauffement global y est particulièrement prononcé. Peu à peu, la puissance des grands courants marins s'affaiblit donc. Sans l'atténuation qu'ils apportent localement, on note généralement un renforcement du caractère du climat local qui devient plus sec, plus continental, plus humide… C'est pourquoi, partout dans le monde, la fréquence des évènements météorologiques extrêmes augmente rapidement : très fortes moussons en Asie, ouragans dans les tropiques, sécheresses dans les pays du Sahel, canicules en France, etc. Comme il n'existe pas un, mais des dizaines de climats à la surface du globe, on devrait plutôt parler du « dérèglement des climats » ou du « dérèglement du climat local ».

Pour limiter ces dérèglements, il faut agir sur le réchauffement global, et donc limiter nos émissions de GES, dont 4,2 % (plus que l'aviation civile) sont directement liées au numérique[1]. Pour ce faire, rien de plus simple : il suffit de conserver nos équipements le plus longtemps possible, pour éviter les émissions induites par leur fabrication, et d'apprendre à les éteindre quand nous ne nous en servons pas afin de réduire les émissions inhérentes à la production de l'électricité qu'ils consomment.

Digital

Le terme « digital » est apparu il y a quelques années en France pour remplacer le terme « numérique » qui est la traduction en bon français du terme anglo-saxon *digital*. Cette évolution est liée à un concours de circonstances tel que seule l'histoire sait les créer. Avec la généralisation des smartphones, l'idée s'était répandue que le terme anglais « *digital* » désignait les applications manipulées avec les doigts, alors qu'il provient de « *digit* » qui signifie « chiffre ». Il est utilisé outre-Atlantique pour décrire le « numérique » dont le fonctionnement repose sur des « bits », c'est-à-dire des « nombres » constitués de 0 et de 1. Le terme « digital » désigne donc le « numérique ». Ce terme « digital » est surtout employé par les non-informaticiens et il viendrait du monde des agences de communication qui auraient inventé ce mot pour présenter l'expérience vécue par les clients/utilisateurs d'un service numérique.

Digital detox

Les mécanismes qui conduisent à la dépendance numérique sont aujourd'hui clairement démontrés. Pour y résister, les gros utilisateurs d'outils numériques, dans leur vie professionnelle et/ou privée, doivent faire des pauses, non seulement tout au long de la journée, mais aussi sur de plus longues périodes : quatre ou cinq jours d'affilée au moins, pendant les vacances, par exemple. Le « jeûne numérique » vise à se déconnecter durablement pour laisser son cerveau « respirer ». Celui qui pratique cette cure sur une durée plus étendue, de plusieurs semaines à plusieurs mois, se donne la chance d'acquérir de nouvelles habitudes de vie avec des doses quotidiennes de numérique plus faibles. Évidemment, le plus simple est de ne pas commencer ou de se montrer raisonnable dès ses premiers usages. L'éducation au numérique, et notamment à une utilisation mesurée, doit donc être une priorité, car c'est le meilleur moyen de ne pas avoir à se désintoxiquer.

Digital natives

Cette expression désigne les « enfants du numérique » nés entre 1985 et 1995[6]. Elle caractérise des personnes qui ont toujours connu le numérique dans sa forme actuelle et pour lesquelles le smartphone constitue un prolongement naturel de la main et du cerveau. Cette génération est tellement habituée aux outils numériques qu'elle est littéralement perdue en son absence. Grande consommatrice de services numériques, elle n'a généralement aucune idée des impacts environnementaux associés à ces usages. Malgré leur appétence de l'écologie et du développement durable, ces jeunes ont le plus grand mal à adopter une posture de sobriété face au numérique.

DIY

Le sigle DIY, pour *Do it yourself*, en anglais (« faites-le vous-même »), est très utilisé dans le milieu des *makers* et des *repair cafés*. L'idée est de s'approprier le savoir-faire en matière de réparation des équipements. Dans le domaine du numérique, pour le commun des mortels, il est difficile, voire souvent impossible, de dépanner soi-même un smartphone, un ordinateur portable ou une télévision. Les *repair cafés* sont des ateliers qui proposent donc des permanences où des techniciens bénévoles aident les utilisateurs à remettre en état leurs appareils... En parallèle, des entreprises telles qu'iFixIt, SOSav, Spareka fournissent des pièces de rechange – batterie, écran, etc. – et, surtout, les kits de réparation associés qui comprennent tous les outils nécessaires à la remise en état ainsi qu'un manuel expliquant, étape par étape, comment effectuer le remplacement de la pièce. Car on ne répare plus les composants des équipements électroniques. C'est impossible. On doit se contenter de les remplacer.

La réappropriation des savoirs passe aussi par l'expérimentation et, en particulier, la conception de dispositifs simples. À ce titre, pouvoir accéder à des matériels en *open hardware* et à des logiciels en *open source* est extrêmement important. Dans ce domaine, les cartes mères* libres Arduino et Inguino connaissent un grand succès. Leurs schémas techniques étant publiés en licence libre, chacun peut s'approprier leur fonctionnement et concevoir des objets électroniques tels que des thermostats connectés, des systèmes d'arrosage qui se mettent automatiquement en marche en fonction de l'hygrométrie du sol, etc.

---

* Une carte mère regroupe les circuits intégrés principaux d'un appareil numérique et permet toutes les interconnexions qui feront fonctionner l'équipement.

Cette ouverture encourage la formation de communautés d'utilisateurs qui partagent et agrègent leur savoir, notamment *via* des forums de discussion. Il y a déjà plus de 10 ans, avant même que l'on nous impose le Linky, nous expliquions sur GreenIT.fr comment fabriquer son propre compteur électrique intelligent et ouvert[16] et nous racontions dès 2013 comment des passionnés du projet Cervin avaient recréé un serveur minitel 20 ans après l'arrêt de ce réseau[17]. En soi, recréer un serveur minitel n'a aucun intérêt opérationnel à court terme. C'est pourtant un savoir-faire essentiel pour être capable de créer, maintenir et manipuler des technologies numériques. Plus ces technologies sont ouvertes et low-tech, plus ce savoir-faire peut se diffuser largement. À l'heure où le constat d'effondrement fait de plus en plus consensus, il est indispensable de démultiplier le nombre de personnes susceptibles de concevoir et de réparer des dispositifs basiques de communication numérique. Il en va de l'aptitude de l'humanité à rebondir.

Durabilité

La durabilité est la faculté d'un objet ou d'un organisme à se maintenir dans le temps. L'expression « développement durable » désigne la démarche que l'humanité doit mettre en œuvre pour assurer sa propre pérennité. Selon le rapport de Mme Brundtland[18] exposé en 1987 devant les Nations unies, « le genre humain a parfaitement les moyens d'assumer un développement durable, de répondre aux besoins du présent sans compromettre la possibilité pour les générations à venir de satisfaire les leurs ».

Pour y parvenir, le développement durable s'appuie sur trois piliers (3P) : la préservation de l'environnement, l'équité sociale/l'amélioration de la condition humaine et la performance économique (au sens où l'économie aide l'humanité à améliorer son sort et à sauvegarder la faculté d'action des générations à venir). Bien que le terme « durable » se soit imposé dans les pays francophones, le rapport original utilise l'expression « *sustainable development* » (développement soutenable). La nuance est de taille, car « soutenable » sous-entend « qui peut être enduré ». L'humanité doit donc tout mettre en œuvre pour soutenir le développement économique sans remise en cause du modèle. Le mot « durable » est plus ouvert et laisse donc plus de liberté à l'humanité. Il permet notamment de conserver la capacité à changer de modèle pourvu que le développement économique perdure.

Au fil des années, en France, le « développement durable » a été associé, de façon restrictive, à la « transition écologique », puis à la « transition énergétique ». Cette focalisation sur une seule de ses dimensions – l'environnement – a poussé des acteurs des « technologies de l'information et de la communication durables » à inventer la formule « numérique responsable » pour réinjecter la dimension sociale dans la démarche[13]. De ce fait, le terme « durable » est de moins en moins utilisé dans le domaine du numérique qui lui préfère « responsable ».

Eau

Très inégalement répartie à la surface de la Terre, l'eau douce est la deuxième ressource indispensable à la vie, juste après l'air. C'est dire son importance. Pourtant, malgré sa raréfaction et la dégradation de sa qualité partout dans le monde et même dans un pays tempéré tel que la France, nous en consommons de plus en plus pour nos usages numériques.

Nous en utilisons de très grandes quantités pour fabriquer nos équipements – notamment lors de l'extraction des minerais et de leur transformation en composants électroniques –, mais aussi pour produire l'électricité qui alimente nos appareils.

En France, il faut environ 4 l d'eau bleue pour fabriquer 1 kWh d'électricité. L'eau « bleue » est l'eau douce facilement mobilisable des lacs, rivières ou aquifères. Elle est considérée comme « perdue » lorsqu'elle s'évapore en refroidissant le réacteur d'une centrale nucléaire, car elle devra parcourir encore une fois une partie du cycle de l'eau avant d'être de nouveau mobilisable à l'endroit où on l'a puisée.

À l'échelle planétaire, l'« empreinte eau » du numérique est de l'ordre de 8 milliards de mètres cubes d'eau bleue, soit plus de deux fois la consommation d'eau douce des Français. À l'échelle d'un individu, cela représente approximativement 2 000 l d'eau par an, soit environ un pack d'eau minérale de 6 l par jour[1]. C'est donc très loin d'être négligeable ! On retrouve beaucoup d'eau dans l'une des principales externalités du numérique : les impressions. Fabriquer une feuille de papier au format A4 nécessite en effet 4 l d'eau « verte » (pluie ruisselant dans le sol et absorbée par les végétaux) et environ ½ l d'eau « bleue ». Or, plus on dématérialise les documents, plus, paradoxalement, on les rematérialise, sous forme notamment d'impressions papier. C'est un effet rebond comme seul le numérique sait en produire.

Écoconception de service numérique

L'écoconception, que l'on peut également trouver orthographiée « éco-conception », consiste à intégrer à la conception, d'un produit ou d'un service, ses conséquences sur l'environnement dès le début de son élaboration et à toutes les étapes de son cycle de vie[19]. Cette démarche repose sur cinq clés fondamentales :

- La définition d'une unité fonctionnelle : l'acte métier étudié, par exemple « réserver un billet de train » ou « prendre rendez-vous chez un médecin ».

- La quantification des impacts environnementaux de l'ensemble des équipements nécessaires à la réalisation de l'unité fonctionnelle, du smartphone de l'utilisateur aux serveurs de la SNCF en passant par le réseau de l'opérateur téléphonique…
- … à chaque étape du cycle de vie – fabrication, distribution, utilisation, fin de vie –…
- … en fonction de plusieurs indicateurs : réchauffement global, épuisement du stock de ressources abiotiques, etc.
- La mise en œuvre des leviers les plus efficaces en priorité (ce qui revient souvent à réduire le nombre de fonctionnalités et à épurer l'interface utilisateur).

L'écoconception ne peut donc exister qu'à l'échelle d'un service et non au niveau d'un logiciel, car ce dernier n'a pas de matérialité en dehors des équipements sur lesquels il s'exécute. Et il faut de nombreux logiciels et matériels pour délivrer un acte métier tel que « réserver un billet de train ».

Dans la grande majorité des cas, pour écoconcevoir un service numérique, le plus efficace est d'adopter une posture de sobriété qui amène à se concentrer sur le besoin essentiel des utilisateurs, et surtout pas plus. Pour y parvenir, il suffit souvent de commencer par concevoir le service numérique pour les smartphones et de s'arrêter là. Cette approche de conception dite « *mobile first* » permet d'éliminer tout le « gras » fonctionnel et graphique. En effet, ce type d'appareil étant moins puissant qu'un ordinateur, être sobre et efficace est une obligation. En adoptant cette posture de conception contrainte, la Deutsche Bahn, la compagnie des chemins de fer allemands, démontre qu'il est possible de diviser par 700 le poids d'un service numérique. Elle propose en effet deux sites web pour trouver l'horaire d'un train : le premier pèse 3 Ko tandis que le second pèse plus de 2 000 Ko… pour le même résultat !

Ecodesign

La directive européenne 2009/125/EC, dite « *Ecodesign directive* » (ou « directive écoconception », en français), vise à « établir un cadre pour la fixation d'exigences en matière d'écoconception applicables aux produits liés à l'énergie » car sa dernière édition intègre notamment des critères rattachés à l'écoconception, l'utilisation efficiente des matières premières lors de la fabrication des équipements, la réparabilité et la capacité d'un bien à être mis à jour (*upgrade* matériel). Grâce à cette mise à jour, les fabricants de smartphones, télévisions, ordinateurs, etc. devront bientôt proposer des équipements plus faciles à réparer et à recycler. Un indice de réparabilité verra également prochainement le jour en Europe. Il devrait tenir compte de critères tels que la mise à disposition de pièces détachées dans un délai et à un prix raisonnables, la distinction entre mises à jour logicielles correctives et mises à jour logicielles évolutives, la disponibilité de la documentation technique, etc.

Écolabel

Un écolabel est signalé par un pictogramme qui permet d'identifier facilement des produits dont l'impact environnemental est réduit comparé à d'autres produits similaires. Il en existe trois principaux pour les équipements numériques : EPEAT, TCO et Blue Angel. Tous les trois couvrent le cycle de vie intégral d'un matériel, de sa fabrication à sa fin de vie en passant par son utilisation. Ils prennent en compte la dimension écologique, mais aussi certaines exigences sociales et sociétales.

TCO 8 est le label le plus complet et le plus rigoureux pour pratiquement toutes les catégories d'équipement, tant en matière environnementale qu'en matière sociale et sociétale. Moins complet et moins exigeant, notamment sur la partie sociale/sociétale, EPEAT référence en revanche plus de modèles par catégories d'équipement. Blue Angel n'est intéressant que pour les appareils d'impression et d'imagerie : imprimantes, scanner et multifonctions.

Les autres acronymes, ou labels, ne sont pas reconnus ou ne sont pas utilisés en France pour identifier des appareils neufs. Évidemment, un smartphone ou un ordinateur d'occasion/reconditionné impacte éminemment moins la planète que le même appareil neuf, aussi écolabellisé soit-il. L'État propose d'ailleurs le label Ordi 3.0 pour les reconditionneurs qui respectent un cahier des charges précis.

E-commerce

Le commerce électronique, ou cybercommerce, est souvent perçu, à tort, comme une solution pour réduire l'empreinte écologique de l'humanité. Dans l'inconscient collectif, il évite la construction des grandes surfaces dans lesquelles des hordes de consommateurs se ruent chaque samedi, à grand renfort de moteurs diesel.

Dans les faits, on manque encore cruellement d'analyses de cycle de vie comparatives indépendantes pour en tirer des généralités. Le bilan de la vente en ligne dépend surtout du mode de livraison et du scénario précis étudié. Certains cas d'usage seront positifs tandis que d'autres augmenteront les impacts. Par exemple, les géants du commerce électronique, Amazon en tête, ont tendance à amplifier l'empreinte environnementale des consommateurs lorsqu'ils proposent des livraisons entre 12 et 24 heures chrono qui nécessitent une débauche de moyens logistiques, notamment avec des expéditions par avion lors des périodes de pics de consommation comme pendant les soldes, le *Black Friday*, les fêtes de fin d'année, la Saint-Valentin ou la fête des Mères.

À l'opposé, la livraison à domicile, si elle est réalisée par le facteur pendant sa tournée courrier, peut réduire significativement les impacts. En revanche, le bilan est plus mitigé lorsqu'elle est effectuée par transporteur spécial, notamment si les points de livraison sont très dispersés. Elle se traduit alors par une augmentation des impacts environnementaux ou non de gains importants si on les compare à ceux qui sont générés par le détour que fait le consommateur sur son trajet domicile-travail. Ainsi, le système de « *drive* » permettrait d'amoindrir l'impact des achats en ligne à condition d'y passer sur son itinéraire habituel ou de récupérer sa commande à pied ou en transport en commun. C'est d'ailleurs pour cette raison que les *drives* se développent aussi en centre-ville. Ils ressemblent à de simples comptoirs où l'on peut venir chercher ses paquets sans voiture. En fin de compte, on se rapproche des emplettes locales chez les commerçants de quartier, qui constituent souvent le scénario le moins impactant.

Dans ces conditions, le commerce en ligne pourrait contribuer à diminuer l'emprise au sol des grandes surfaces et des parkings associés. À condition qu'il ne s'agisse pas d'un service supplémentaire greffé sur la grande surface existante.

Économie circulaire

Popularisée par l'ouvrage *Cradle to Cradle*[20], l'économie circulaire fonctionne, en théorie, en boucle fermée, c'est-à-dire que les déchets d'un processus industriel et les produits en fin de vie constituent les intrants et la matière première d'un autre processus industriel. Cette approche est essentielle, car elle nous amène à être plus efficients et à générer moins de déchets.

Malgré ses avantages indéniables pour l'environnement, l'économie circulaire ne fonctionne pas en boucle complètement fermée. La dégradation des propriétés physico-chimiques des matières premières se traduit inévitablement par des boucles ouvertes. Par exemple, la sciure d'une scierie est utilisée pour fabriquer des feuilles de papier qui pourront être recyclées jusqu'à cinq fois. Mais, au fur et à mesure des recyclages, la matière perdra de sa résistance mécanique, ce qui impliquera de mélanger les fibres recyclées avec de plus en plus de fibres vierges pour retrouver une résistance mécanique suffisante.

Dans le domaine de l'électronique, si l'on met de côté le réemploi, l'économie circulaire ne fonctionne pas, ou ne boucle qu'une fois ou deux. Il est en effet très difficile de récupérer les matières premières constituant nos équipements électroniques. Et, même lorsqu'on y parvient, la qualité des matériaux est souvent trop dégradée pour que l'on puisse les utiliser pour fabriquer de nouveaux équipements numériques.

Économie collaborative

Selon le ministère de la Transition écologique et solidaire, l'économie collaborative se définit comme « la manière traditionnelle de partager, d'échanger, de prêter, de louer et d'offrir, repensée à la faveur de la technologie moderne et des communautés ». En d'autres termes, on achète l'usage d'un objet, d'une connaissance, d'un logiciel, d'une donnée, d'une expertise, etc., et non sa propriété. C'est le principe de l'économie de fonctionnalité. Le détenteur de l'objet, de la connaissance, du logiciel, de la donnée, de l'expertise, etc., peut alors vivre de la commercialisation de son usage.

Dans le domaine du numérique, les licences logicielles sont des contrats de location à durée indéterminée. On n'achète pas Windows ou macOS X, on achète le droit de les utiliser. Les licences *open source* ajoutent le droit d'accéder au code source des logiciels (et donc implicitement de les utiliser). Quant aux licences Creative Commons, elles sont entre autres utilisées pour partager des données et des contenus. Elles protègent la paternité des auteurs en obligeant les utilisateurs des données et du contenu à afficher la source et/ou l'auteur. Ces licences peuvent également interdire l'usage commercial d'une donnée ou d'un contenu pour en faire des communs numériques.

Économie de l'attention

Qui n'est jamais resté « scotché » devant un écran, sortant au bout de longues minutes (ou heures) d'une sorte de transe ? Les écrans hypnotisent leurs usagers, surtout les plus jeunes. Certains services en ligne sont conçus pour capter votre attention et vous maintenir connecté le plus longtemps possible. Car, dans un monde où tout va de plus en plus vite et où les informations et les services disponibles sont tellement nombreux, le temps est devenu le bien le plus précieux, en particulier votre « temps de cerveau utile », pour reprendre une célèbre expression. Les concepteurs de service numérique, les réseaux sociaux par exemple, jouent donc sur des ressorts physiologiques, et notamment sur le circuit de la récompense, pour vous fidéliser. Ils peuvent ainsi collecter un maximum d'informations sur vous (qu'ils revendront à prix d'or) et afficher encore plus de publicités ciblées (pour lesquelles ils sont aussi rémunérés). Pour vous rendre dépendants, les éditeurs élaborent les services numériques en s'assurant qu'ils poussent votre corps à sécréter de la dopamine. La dépendance numérique fonctionne comme toute addiction, par un mécanisme physiologique identique à celui de l'alcool, de l'héroïne et des autres drogues.

Dans un contexte d'infobésité croissante, de sollicitations permanentes et de troubles de la concentration, la dépendance reste le meilleur moyen de capter l'attention ! Évidemment, l'exploitation d'un processus aussi profond et inconscient pose de sérieuses questions éthiques.

Effet rebond

Le paradoxe de Jevons, aussi appelé « effet rebond » explique qu'à mesure que les progrès technologiques améliorent l'efficacité avec laquelle une ressource est employée, la consommation totale de cette ressource peut augmenter au lieu de diminuer.

Dans le domaine du numérique, on peut citer l'exemple de la dématérialisation des documents papier sous forme de documents bureautiques : on pensait qu'elle réduirait les volumes d'impression. Or, on n'a jamais autant imprimé que depuis l'invention de la bureautique, pour la simple raison qu'il est beaucoup plus facile et rapide d'imprimer 50 exemplaires d'un rapport de 200 pages que de photocopier celles-ci une par une : il suffit d'un clic !

Plus généralement, le numérique a la faculté de faciliter de nombreuses actions – achats, locations, réservation de billets, etc. : c'est donc un formidable outil pour créer de la croissance… et générer les effets rebond qui vont de pair comme le montre l'équation de Kaya.

Effondrement

Les bases fondamentales de la survie de l'humanité vacillent. Au point que nous n'hésitons plus à parler de l'effondrement en cours. Pour la première fois de notre histoire, le risque est systémique et planétaire. Ainsi, la biodiversité – tant en matière de densité qu'en matière de variété des espèces vivant sur Terre – subit actuellement une chute non seulement vertigineuse, mais qui s'accélère. Or, sans un minimum de densité, les écosystèmes ont tendance à s'écrouler sur eux-mêmes. À l'origine du problème, *Homo sapiens* est lui-même directement menacé de disparition, car il n'est qu'un maillon parmi les millions de formes de vie qui constituent l'écosystème planétaire.

L'épuisement des ressources abiotiques est également une source d'effondrement : comment continuer à se déplacer et à fabriquer les objets de notre quotidien si les énergies fossiles et les autres ressources abiotiques ne sont plus disponibles ?

Contrairement aux idées reçues, l'effondrement ne signifie pas la fin de la vie sur Terre, mais plutôt une évolution très rapide et de grande ampleur de notre civilisation avec, potentiellement, son anéantissement, au moins sous la forme que nous connaissons.

Des mythes, des contes et des légendes ont toujours existé sur le thème de l'effondrement. Mais, pour la première fois dans l'histoire, les théories actuelles sont fondées sur des faits objectifs et des études largement validées par la communauté scientifique, parmi lesquelles le rapport Meadows ou ceux du GIEC et de l'Union internationale pour la conservation de la nature.

À l'échelle de l'humanité, l'enjeu est d'accompagner cette transition à la fois pour amortir ses effets négatifs à court terme, et aussi pour préparer l'avenir des générations futures.

Dans ce contexte, le rôle du numérique responsable est double. D'une part, nous devons limiter au maximum ses impacts environnementaux négatifs directs afin de ne pas accélérer un phénomène désormais hors de contrôle. L'empreinte du numérique mondial équivaut déjà à deux ou trois fois l'empreinte globale de la France, selon les indicateurs environnementaux observés. Et elle augmente vite : elle devrait passer de 2,1 %, en 2010, à 5,8 %, en 2025, des émissions de gaz à effet de serre anthropiques[1].

D'autre part, nous pouvons nous aider du numérique pour relever les gigantesques défis auxquels nous devons faire face. En effet, c'est pendant les crises que l'humanité a le plus besoin d'échanger des informations. Depuis la nuit des temps, le partage efficace du savoir et sa transmission de génération en génération sont les deux outils qui ont permis à *Homo sapiens* de se distinguer des autres formes de vie en termes d'évolution.

La synthèse de cette injonction paradoxale (numérique responsable) peut sembler impossible. Pourtant un numérique alternatif est imaginable : à la fois instrument de résilience face à l'effondrement et source limitée d'impacts environnementaux. Il est tout à fait envisageable de créer un numérique low-tech qui soit en même temps accessible, robuste, réparable, administrable et maintenable par le plus grand nombre et qui puisse être utilisé pour aider l'humanité à relever la tête.

Pour prendre une image, nous devons choisir entre augmenter inexorablement la taille de la télévision qui trône au milieu du salon et qui précipite notre chute, ou réinventer le numérique sur des bases low-tech de type SMS et 2G. Le chantier est d'autant plus titanesque qu'il n'est pas technique : il s'agit avant tout de redevenir ingénieux et de tirer la quintessence des technologies existantes. Cela signifie donc développer la curiosité, la créativité, l'esprit critique, autant d'armes de résilience massive qui sont cependant de moins en moins répandues…

Électricité

L'électricité est produite par un mouvement d'électrons, la plupart du temps sur un support physique, comme un câble en cuivre. En France, les électrons se déplacent 50 fois par seconde sur les câbles. La fréquence de l'électricité distribuée est donc de 50 Hz. Ces vagues d'électrons forment le « courant » électrique. Différents types d'énergie primaire permettent de créer ce courant : réaction nucléaire reposant sur de l'uranium, force motrice d'un barrage hydraulique, d'une conduite forcée ou du vent, rayonnement électromagnétique du Soleil, combustion d'une énergie fossile telle que le gaz, le charbon ou le pétrole.

Majoritaire en France, l'électricité d'origine nucléaire a des impacts environnementaux très importants. Tout d'abord, l'extraction de l'uranium dégrade l'écosystème local, et elle requiert, entre autres, des engins de chantier qui émettent des gaz à effet de serre (GES, dont le CO_2 notamment). Ensuite, de très grandes quantités d'eau sont nécessaires pour contrôler la réaction nucléaire : environ 4 l d'eau douce sont utilisés pour produire 1 kWh d'électricité contre moins de 2 l pour les autres technologies. Enfin, la production de l'électricité nucléaire engendre des déchets particulièrement dangereux pour tous les êtres vivants. Ces déchets sont actifs pendant des dizaines, voire des centaines, de milliers d'années selon leur nature. En termes de rendement, il faut à peu près 3 kWh d'énergie primaire (uranium) pour produire 1 kWh d'électricité nucléaire.

À l'opposé, l'électricité d'origine hydraulique – fournie par un barrage sur un fleuve – est plus efficace puisque la fabrication de 1 kWh nécessite 0 l d'eau (seule la force motrice de l'eau est mobilisée lorsqu'elle passe dans la turbine du barrage). Elle a aussi moins d'impacts sur la faune et la flore si des dispositifs adaptés, comme des échelles à poissons, sont installés sur le barrage. Le rendement est excellent : 1 kWh de force hydraulique produit 1 kWh d'électricité. Enfin, sauf pour la construction du barrage, il n'y a pas d'émission de GES (comme la vapeur d'eau dans le cas du nucléaire ou le CO_2 dans le cas des énergies fossiles). Malheureusement, en France, la majorité des cours d'eau exploitables le sont déjà. Il faut donc compléter par d'autres sources d'énergie.

En France, les énergies primaires fossiles sont relativement peu utilisées pour la production d'électricité excepté en période de pointe, c'est-à-dire quand la demande est particulièrement importante[21]. En hiver et en été, il nous arrive d'employer des centrales électriques qui fonctionnent principalement au gaz naturel (méthane), et dans une moindre mesure au charbon ou au fioul. Ces centrales, dites « thermiques à flamme », brûlent une énergie primaire fossile pour chauffer de l'eau qui entraîne des turbines à vapeur afin de générer l'électricité. Comparée au nucléaire, la combustion des énergies fossiles dégage plus de GES, mais nécessite moins d'eau. Le gaz naturel émet moins de GES que le fioul et que le charbon. La trentaine de centrales thermiques à flamme encore en activité sur le territoire est indispensable pour gérer la production électrique aux heures de pointe[22].

Choisir le type d'énergie primaire à utiliser pour fabriquer l'électricité consommée par nos appareils électroniques est un acte efficace pour réduire notre empreinte numérique.

Électricité verte

L'expression « électricité verte » désigne souvent indistinctement deux notions pourtant très différentes : le caractère renouvelable de l'énergie et l'idée d'une meilleure performance environnementale. Si les deux contribuent à réduire notre empreinte numérique, les mécanismes sont distincts. L'électricité produite à partir d'une énergie primaire renouvelable peut avoir plus d'impacts environnementaux que celle produite à partir d'une énergie primaire non renouvelable. Par exemple, la méthanisation de végétaux fournit du gaz naturel (méthane) qui émet environ 400 g de gaz à effet de serre pour produire 1 kWh d'électricité. C'est cinq fois plus que le nucléaire qui n'est pas renouvelable. Lorsque l'on choisit une électricité « verte », il faut donc être attentif aux deux dimensions. Parmi les différentes sources d'énergie primaire renouvelable disponibles en France, l'hydraulique courant – barrage sur un fleuve, conduite forcée, etc. – présente souvent la meilleure performance environnementale sur des indicateurs tels que le réchauffement global, l'épuisement des ressources abiotiques, l'eutrophisation, l'acidification, etc. Mais aucune source n'est parfaite. Un barrage sur un fleuve doit par exemple proposer un ensemble d'équipements de type échelle à poissons pour limiter les atteintes à la biodiversité. En conclusion, l'électricité qui a le moins d'impact sur l'environnement est celle que l'on ne produit pas : elle s'exprime en négawatt.

Empreinte numérique

Notre empreinte numérique est constituée de l'ensemble des impacts environnementaux, économiques et sociaux associés à nos usages numériques quotidiens. Ces impacts se produisent, par ordre décroissant, lors de l'extraction des matières premières et de leur transformation en composants électroniques, au moment de la fin de vie des équipements, de leur utilisation, de leur distribution, et enfin de leur assemblage.

L'empreinte numérique de l'humanité ne cesse d'augmenter. Ainsi, en 2018, les impacts environnementaux annuels associés à un salarié en France[23] étaient de :

- 5 740 kWh d'énergie primaire ;
- 800 kg de gaz à effet de serre ;
- 14 000 l d'eau ;
- 3 kg de déchets électroniques.

Si bien qu'une journée de travail d'un salarié équivaut à :

- 2 radiateurs de 600 W allumés pendant huit heures ;
- 29 km parcourus en voiture (soit 6 380 km/an) ;
- 1 douche ou 9 packs d'eau de 6 l (soit 2 300 packs/an) ;
- 15 g de déchets électroniques (soit un smartphone tous les 10 jours).

Tout l'enjeu de la sobriété numérique est de réduire ces impacts durablement.

Énergie

L'énergie est un concept complexe qui prend différentes formes : force mécanique, chaleur, rayonnement électromagnétique (du Soleil notamment).

On distingue l'énergie primaire de l'énergie finale. Dans l'univers numérique, l'énergie finale prend la forme de l'électricité. L'énergie primaire est le potentiel énergétique contenu dans 1 l de pétrole, 1 kg de charbon, 1 heure de rayonnement solaire, 1 kg d'uranium, 1 heure de turbinage d'un barrage, etc. On transforme l'énergie primaire en énergie finale selon différents procédés. La force motrice de l'eau d'un barrage sur un fleuve entraîne une turbine qui produit de l'électricité. La combustion de pétrole dégage de la chaleur qui chauffe de l'eau. La dilatation liée au changement d'état – d'un liquide vers un gaz – produit une pression qui fait fonctionner un alternateur qui génère à son tour de l'électricité. Les photons du Soleil transmettent, quant à eux, leur énergie aux électrons des semi-conducteurs constituant les cellules photovoltaïques, ce qui produit une tension électrique…

Sur la phase d'utilisation, la quantité et le type des impacts associés à nos usages numériques varient donc en fonction de la source d'énergie primaire employée pour produire l'électricité consommée par nos équipements électroniques.

Énergie grise

Pour fabriquer un objet, il faut de l'énergie. Cette énergie est qualifiée de « grise », car elle est « cachée ». Les Anglo-Saxons emploient des termes plus explicites : « *embodied* » (incarné) ou « *embedded* » (intégré).

Il est essentiel de prendre conscience que l'on dépense souvent plus d'énergie (grise) pour fabriquer un appareil électronique qu'il n'en consommera durant toute son utilisation. Dès lors, économiser l'énergie, ce n'est plus seulement éteindre systématiquement ses équipements quand on ne les utilise pas : on économisera potentiellement plus d'énergie en allongeant leur durée de vie.

Énergie renouvelable

D'un point de vue physique, ce n'est pas l'énergie qui est « renouvelable », mais le processus qui la crée. Cependant, une énergie est dite « renouvelable » quand elle est produite à partir d'une source considérée comme inépuisable à l'échelle anthropique : le Soleil, le vent, la force de gravitation de la Lune (les marées), le cycle de l'eau (les courants) ou la chaleur de la terre (la géothermie).

Cette source est envisagée comme étant inépuisable soit parce que son renouvellement est rapide et permanent – c'est le cas de la force motrice des rivières liée au cycle de l'eau –, soit parce que le renouvellement est simplement rapide – comme pour la méthanisation –, soit parce que cette source fonctionne à une autre échelle temporelle que la nôtre – le Soleil par exemple.

La notion d'énergie renouvelable se définit par opposition aux ressources énergétiques dont les stocks sont finis et suffisamment limités pour s'épuiser à l'échelle anthropique. C'est notamment le cas des énergies fossiles (pétrole, charbon et gaz) et fissiles (uranium, en particulier) qui se sont formées au sein de la planète, il y a des centaines de millions d'années, au cours d'un processus durant lui-même des millénaires. Les énergies fossiles et fissiles sont consommées à un tel rythme que l'humanité aura bientôt épuisé les réserves connues.

Toutes les énergies renouvelables n'ont pas les mêmes propriétés ni les mêmes conséquences écologiques. Les notions de « renouvelable » et de « bon pour la planète » sont donc bien distinctes. La transformation de toute énergie renouvelable, c'est-à-dire le passage de l'énergie primaire à l'énergie finale, induit des impacts environnementaux différents. Ainsi, la fabrication des panneaux photovoltaïques pollue et contribue à l'épuisement des ressources abiotiques, un barrage sur un fleuve modifie l'écosystème local, la combustion du charbon émet de grandes quantités de divers gaz à effet de serre, la production de 1 kWh d'électricité dans une centrale nucléaire consomme beaucoup d'eau douce, etc. Il est donc essentiel de choisir avec soin l'énergie renouvelable qui doit produire l'électricité alimentant nos équipements numériques.

Épuisement des ressources

L'expression « épuisement des ressources » est quasi toujours utilisée à tort pour désigner l'épuisement des « réserves ». Le terme « ressource » désigne la quantité totale d'une matière disponible dans le sol. Le mot « réserve » désigne la part que l'on peut extraire *via* un effort technique et un coût économique acceptables. Alternativement, on remplace le terme « réserve » par l'expression « stock de ressources ».

La contribution du numérique à l'épuisement des stocks de ressources abiotiques, aussi appelées « ressources naturelles non renouvelables », est un enjeu environnemental majeur. En effet, la fabrication et l'utilisation des équipements numériques nécessitent une grande quantité de ressources abiotiques. Par exemple, il faut environ 32 kg de matières premières pour fabriquer une barrette mémoire de 2 g, soit un « sac à dos écologique » de 16 000 pour 1. À titre de comparaison, il ne faut que 54 fois le poids d'une voiture en matières premières pour la fabriquer. On utilise également des énergies fossiles – pétrole, gaz, charbon – pour transformer les minerais en composants électroniques, puis pour les alimenter en électricité.

Finalement, trois indicateurs témoignent bien du rythme auquel le numérique vide les réserves de ressources abiotiques : l'équivalent antimoine (kg équivalent SB), la quantité d'énergies primaires fossiles en mégajoules (MJ fossile) et la quantité d'énergie primaire nucléaire en mégajoules (MJ nucléaire).

Au-delà de l'impact environnemental, les minerais et autres ressources abiotiques essentiels à la fabrication des appareils électroniques sont rares. La pression pour en extraire toujours plus accable les populations locales, engendrant notamment des conflits armés. La situation est telle qu'on parle désormais de minerais des conflits pour désigner certaines de ces substances indispensables à l'élaboration des équipements électroniques.

Équipement

L'univers numérique est matérialisé par les équipements qui le composent. Du côté des utilisateurs, on compte environ 15 milliards d'équipements en 2018, principalement des smartphones et des téléphones mobiles, des ordinateurs, tablettes, écrans, télévisions, consoles de jeux, et une myriade d'objets connectés tels que des montres, des thermostats, des enceintes Bluetooth, mais aussi des voitures…

Du côté du réseau, la « boucle locale », aussi appelée « dernier kilomètre », concentre les équipements avec près d'un milliard de box ADSL et fibre dans le monde, sans oublier 20 millions d'antennes relais. Enfin, en ce qui concerne les centres informatiques, on compte environ 60 millions de serveurs, à peu près autant d'équipements réseau (commutateurs, répartiteurs de charge, coupe-feux) et quelques millions de baies de stockage. L'ensemble de ces équipements constitue l'univers numérique.

Éthique

À l'aune des dérives de cette dernière décennie (*fake news*, exploitation en masse de données personnelles, recours à des mécanismes physiologiques inconscients, etc.), l'éthique est une dimension incontournable pour réinventer un numérique plus respectueux des êtres humains. Même si le sujet est vaste et encore peu structuré, l'éthique est d'ores et déjà une facette essentielle de la conception responsable de services numériques. En France, des organisations comme le Cigref (qui rassemble les cadres informatiques des grandes entreprises françaises), le Syntec numérique (la fédération des acteurs du numérique), les Designers éthiques (une association spécialisée sur le sujet) et de nombreux autres groupes de travail de tous bords défrichent actuellement le sujet.

Facteur 4

Cette notion a été développée en 1989 par l'écologiste américain Amory Lovins, cofondateur du Rocky Mountain Institute, un centre américain de recherche et d'études sur l'énergie, dont le but est de promouvoir l'utilisation efficace des ressources naturelles. Elle a été popularisée par la publication du livre *Facteur 4 : Deux fois plus de bien-être en consommant deux fois moins de ressources*, cosigné par Hunter Lovins et Ernst von Weizsäcker.

L'idée développée dans *Facteur 4* peut s'énoncer simplement : il est possible de doubler la richesse et le bien-être de l'humanité tout en diminuant par deux notre impact sur les ressources, ce qui permettrait d'atteindre les objectifs du développement durable. Cet ordre de grandeur a été repris par le GIEC qui considère que, pour limiter la hausse de la température moyenne sur la planète à + 2 °C d'ici à 2100, les pays industrialisés doivent diviser leurs émissions de gaz à effet de serre par quatre.

Pour la France, cela équivaudrait à passer de 560 millions de tonnes équivalent CO_2 émises en 1990[24] à moins de 150 millions de tonnes d'ici à 2050. En 2016, nous avons émis 463 millions de tonnes équivalent CO_2. L'effort à fournir est donc considérable. D'autant que ce calcul ne tient pas compte des émissions cachées (appelées aussi « importées »), c'est-à-dire de toutes les émissions qui se produisent en Chine, par exemple, lors de la fabrication de nos équipements numériques. C'est la « magie » du protocole de Kyoto qui laisse croire que nos émissions décroissent à mesure que nous nous désindustrialisons, alors qu'elles sont juste déplacées !

Fairphone

S'il y a un fabricant qui se distingue des autres, c'est bien Fairphone. Cette entreprise néerlandaise a créé un smartphone qui respecte autant que faire se peut les trois objectifs du développement durable : l'appareil est à la fois moins impactant pour l'environnement, plus équitable vis-à-vis des êtres humains, et son prix est acceptable pour les consommateurs.

Sur le plan social, les minerais employés pour élaborer les composants électroniques ne proviennent, autant que possible, pas d'une zone de conflit. Sur le plan environnemental, les choix de conception visent à réduire au maximum les impacts liés à la fabrication du smartphone tout en aidant les utilisateurs à allonger sa durée de vie. La conception modulaire du Fairphone 2 permet notamment de changer soi-même la batterie et le capteur photo, sans connaissance technique et sans outil spécifique. Le fabricant a également fait un effort économique important pour garantir une mise à jour sur le long terme du système d'exploitation Android (l'absence de mise à jour déclenchant bien souvent l'obsolescence du terminal, car les utilisateurs s'inquiètent de la sécurité de leurs données personnelles).

Il est intéressant ici de remarquer qu'une start-up, sans grands moyens financiers, peut, pour quelques euros de plus, mettre en œuvre certaines idées fondamentales telles que :

- la modularité qui favorise l'autoréparation (ou DIY, en anglais, pour *Do it yourself*) et l'appropriation des gestes techniques de base par l'utilisateur ;
- le recours à des minerais qui ne proviennent pas de zones de conflit ;
- la garantie d'une mise à jour sur le long terme du système d'exploitation.

C'est aussi, malheureusement, la démonstration qu'Apple, Samsung, Huwaei, LG et tous les autres grands industriels ne font aucun effort pour concevoir et fabriquer des smartphones plus durables.

Fake news

Avec l'avènement du web 2.0, tout individu peut devenir simultanément producteur, éditeur et diffuseur. N'importe qui sur la planète peut émettre n'importe quelle information, potentiellement vue par plus de quatre milliards d'internautes.

Pour le dire crûment, l'information qui est lue n'est pas celle qui est fiable et précise, mais celle qui répond aux attentes (en général inconscientes) des lecteurs. Le web et les réseaux sociaux diffusent vers le plus grand nombre et, en même temps, intensifient les croyances populaires qui, comme des prophéties autoréalisatrices, finissent par se transformer en vérités et s'imposent dans les esprits.

Trop souvent, la réalité est déformée et amplifiée, si bien que des faits anodins prennent des proportions démesurées. Et, inversement, des informations clés et fiables sont complètement noyées au milieu de ce déluge. Les réseaux sociaux accélèrent et renforcent cette tendance. On observe le même processus dans le cas de projets dont l'idée initiale est admirable, Wikipédia par exemple, où l'ensemble des parties prenantes se livrent parfois à une lutte acharnée, rédigeant jour après jour de nouvelles définitions pour écraser les précédentes afin d'écrire « leur » histoire ou de présenter une réalité qui correspond à celle qu'elles perçoivent. Sans parler des pures *fake news* (« informations bidon ») créées de toutes pièces dans le but de désinformer.

Pour éviter la manipulation de générations entières, il est donc essentiel de leur apprendre à prendre du recul, à mettre en perspective, à recouper et à « sourcer » les informations. L'État, l'Éducation nationale et les scientifiques en général ont aussi un rôle à jouer ; ils doivent contribuer à la mise en place de processus de validation pour, à défaut de garantir, tenter d'éviter que des bêtises ne deviennent des vérités.

Le numérique n'échappe pas à cette tendance. Les informations qui circulent dans les médias sur son empreinte sont souvent disproportionnées. C'est le cas, par exemple, de la surmédiatisation de la consommation électrique des centres informatiques et des prétendues bonnes pratiques – comme le fait de changer de navigateur, de supprimer ses e-mails ou de mettre en favoris ses sites les plus fréquentés – dont l'effet positif sur l'environnement est quasi nul.

Fracture numérique

Trop fréquemment associée à une question de revenus ou de catégorie socioprofessionnelle, la « fracture numérique » désigne la situation des individus qui font face à des contraintes techniques les empêchant d'accéder à tout ou partie de l'univers numérique.

Ces contraintes techniques sont, le plus souvent, à rapprocher de la notion de puissance : les services numériques de dernière génération nécessitent des équipements puissants eux aussi de dernière génération, une grande quantité de bande passante, etc. Faute de disposer d'un smartphone de dernière génération – souvent perçu comme un signe extérieur de reconnaissance –, certains services numériques restent inaccessibles.

S'il est vrai que le niveau de revenus contribue à produire cette fracture numérique, il n'est pas le seul déclencheur. La localisation géographique d'un individu, son âge ou son éducation, par exemple, créent également une frontière invisible, mais bien réelle. Ainsi, même millionnaire, jeune, sans handicap et équipée d'un smartphone dernier cri, une personne située dans une zone blanche ou grise (c'est-à-dire mal couverte par le réseau télécom) se trouvera elle aussi exclue de l'univers numérique et, par conséquent, expérimentera cette forme d'impuissance.

Lors de la conception des services numériques, il est donc indispensable de penser la fracture numérique comme une contrainte technique à dépasser et non comme l'inéluctable conséquence d'une situation socio-économique.

Gaz à effet de serre (GES)

Voir Carbone, CO_2 et gaz à effet de serre.

GIEC

Le Groupe d'experts intergouvernemental sur l'évolution du climat (GIEC) est un organisme intergouvernemental ouvert à tous les pays membres de l'ONU, créé en 1988 par deux institutions des Nations unies : l'Organisation météorologique mondiale et le Programme des Nations unies pour l'environnement. Depuis 30 ans, il évalue l'état des connaissances sur le réchauffement global et l'évolution des climats, les causes de cette évolution et les impacts associés. Il identifie également des solutions pour limiter l'ampleur du réchauffement global et la gravité de ses conséquences, avec l'ambition d'aider l'humanité à s'adapter aux changements prévisibles.

Dans ses rapports, le GIEC établit une corrélation entre l'augmentation des émissions de gaz à effet de serre (GES) anthropiques dans l'atmosphère et l'augmentation de la température à la surface du globe, tant au niveau de l'atmosphère qu'au niveau des océans.

Le GIEC ne considère par directement la problématique du numérique, car ses rapports sont plus globaux. En revanche, on peut relier les deux sujets en observant l'évolution des émissions de GES associées au numérique. Alors que les émissions baissent ou stagnent dans de nombreux secteurs d'activité, celles du numérique sont passées de 2,1 % en 2010 à 4,2 % en 2018[1], soit un quasi-doublement en à peine une décennie ! Nul doute que le numérique est l'un des secteurs d'activité dont les émissions augmentent le plus vite.

Green IT

Le *Green (for) IT* (*information technology*) désigne une démarche d'amélioration continue qui vise à réduire l'empreinte économique, sociale et environnementale du numérique[13]. À l'origine, en 2007, cette expression décrivait la démarche des directions informatiques des entreprises qui cherchaient à réduire l'empreinte environnementale du système d'information de leur organisation. Très vite, cette démarche s'est alignée sur les objectifs du développement durable et a englobé le pilier social et le pilier économique, en plus de la préservation de l'environnement.

En général, la stratégie et le plan d'action *Green IT* sont définis, financés et décidés par la direction informatique de l'entreprise. Cette stratégie vise aussi bien l'allongement de la durée de vie des équipements que la réduction des volumes d'impression ou bien encore l'extinction des écrans et des ordinateurs la nuit et le week-end, et la conception responsable des services numériques.

Greenwashing

Le *greenwashing*, ou « écoblanchiment », en français, est une méthode de communication qui consiste à leurrer le public visé à l'aide d'assertions environnementales fausses et trompeuses. Ce terme est souvent employé par les organisations non gouvernementales et les défenseurs de l'environnement pour révéler l'ambivalence du discours de certaines entreprises qui affichent des préoccupations écologiques bien loin de leurs pratiques réelles. C'est par exemple le cas des constructeurs automobiles qui annoncent des véhicules « zéro carbone », ce qui est à la fois faux et impossible. Faux, car le problème n'est pas celui du carbone, mais celui des gaz à effet de serre (GES), dont le CO_2. Et impossible, puisque la fabrication et l'utilisation d'une voiture émettent nécessairement des GES, même si elle est électrique. Faux également car les impacts environnementaux d'un véhicule ne se limitent pas aux émissions de GES.

Dans le domaine du numérique, le *greenwashing* consiste souvent à communiquer sur un seul indicateur environnemental afin d'escamoter d'autres impacts. Par exemple, les acteurs de la dématérialisation des documents papier occultent le fait que le transfert du papier aux octets se traduit par une augmentation très importante de l'épuisement des stocks de ressources abiotiques. Pour dissimuler cette hausse d'impact, ils se réfèrent exclusivement à l'indicateur de « contribution au réchauffement global » qui leur permet de démontrer des gains environnementaux. Pour éviter ce type de message frauduleux, les standards internationaux dédiés à la communication environnementale, notamment ISO 14063, conseillent tous d'utiliser plusieurs indicateurs environnementaux en parallèle : contribution à l'épuisement des ressources abiotiques, impact sur les climats, écotoxicité, toxicité humaine, eutrophisation, acidification, etc.

Dans un autre registre, les gestes clés mis en avant depuis des années par certaines institutions et certains médias pour réduire notre empreinte numérique se révèlent au mieux anodins (leur effet est soit très limité soit non significatif), au pire, ils augmentent les impacts ! Par exemple, les moteurs de recherche dits « écolos » en ajoutent au lieu d'en enlever. En effet, ils ne sont qu'un simple habillage des résultats des principaux moteurs. Or, cet habillage nécessite des serveurs supplémentaires qu'il faut ajouter à ceux de Google, Yahoo et Bing.

En fin de compte, le *greenwashing* est doublement pénalisant. D'une part, il détourne notre attention des solutions efficaces, qui sont souvent gratuites et très faciles à mettre en œuvre. D'autre part, il nous fait perdre un temps précieux en reléguant au second plan les sujets importants, ce que nous ne pouvons plus nous permettre !

Illectronisme

La fracture numérique n'est pas toujours technique. Elle peut être directement liée soit aux personnes, soit aux services numériques. « Tout comme l'illettrisme empêche de s'exprimer à l'écrit, l'"illectronisme" exclut [des personnes] des modes de communication modernes », estiment le CSA et le Syndicat de la presse sociale[25]. Plus de 15 % des Français connectés se trouvent souvent dans cette situation et 32 % ont déjà renoncé à faire quelque chose sur internet parce qu'ils ne savaient pas comment s'y prendre. Loin des clichés, excepté l'âge qui peut effectivement être un facteur aggravant, cet état de fait touche toute la société française, sans distinction de catégorie socio-professionnelle, de revenus, de profession, etc. Le problème n'est pas lié à l'accès à la ressource numérique : les « abandonnistes » sont autant, sinon plus, équipés et connectés que la moyenne française ! Il y a à la fois une réelle difficulté de formation initiale d'une partie de la population et de nombreux défauts de conception des services numériques : sites internet, applications mobiles, etc. Nous ne vous le souhaitons pas, mais si un jour vous devez vous frotter au service immatriculation du site web de l'Agence nationale des titres sécurisés pour obtenir la certification de destruction d'un véhicule, par exemple, vous comprendrez instantanément ce qu'est l'illectronisme. D'où l'importance d'une conception globalement responsable qui prenne en compte le niveau de compétence de l'ensemble des utilisateurs – tout le monde n'a pas 25 ans et n'est pas diplômé en informatique – pour proposer des services numériques plus simples à utiliser. La sobriété est assurément une clé de conception dans ce contexte.

Impacts environnementaux

Les impacts environnementaux associés au numérique se comptent par dizaines. Si aucun impact n'est plus important qu'un autre, certains sont particulièrement caractéristiques du numérique. C'est notamment le cas du potentiel d'épuisement des réserves de ressources abiotiques, aussi appelées « ressources naturelles non renouvelables », dont les stocks se tarissent très rapidement. L'extraction et le raffinage des minerais et des terres rares, à partir desquels on fabrique les composants électroniques au cœur de nos équipements numériques, sont une source considérable de nuisances environnementales et d'atteintes aux droits de l'homme. Ils nécessitent en effet souvent beaucoup d'eau, de produits chimiques et d'énergie, tout comme leur transformation en composants électroniques. Ces étapes se traduisent par des atteintes à l'environnement telles que l'eutrophisation des milieux aquatiques, l'acidification de l'eau et du sol, le réchauffement global, l'appauvrissement de la couche d'ozone, etc.

En fin de vie, des polluants organiques persistants, comme les métaux lourds et les retardateurs de flamme bromés, s'accumulent dans les organismes vivants (notamment dans les graisses animales). Toxiques pour l'homme comme pour l'environnement, ils sont suspectés de produire des effets neurocomportementaux et d'entraîner des perturbations endocriniennes.

Les indicateurs les plus utilisés dans les analyses de cycle de vie sont la contribution à l'épuisement des réserves de ressources abiotiques, la contribution au réchauffement global par l'émission de gaz à effet de serre, la consommation d'énergie primaire, la consommation d'eau, l'eutrophisation, l'acidification, la toxicité humaine et l'écotoxicité.

Inégalités et injustices

Les crises environnementales actuelles accroissent les inégalités entre les plus riches et les plus pauvres, à l'échelle tant mondiale que locale. D'une part, le renchérissement du coût des matières premières pénalise essentiellement ceux qui ont déjà du mal à se nourrir, d'autre part, les conséquences du mode de vie occidental ont tendance à se répercuter principalement sur les pays les plus pauvres. De surcroît, le dérèglement climatique est souvent plus prononcé dans les pays pauvres qui ont aussi moins de moyens financiers pour lutter contre. Ce qui résulte en une double peine.

Face aux enjeux environnementaux actuels, l'égalité des chances passe donc par la reconnaissance de la responsabilité des États. C'est pour cette raison que, depuis le protocole de Kyoto, entré en vigueur en 1997, on comptabilise les émissions de gaz à effet de serre (GES) de tous les pays. Ceux qui émettent le plus doivent par conséquent contribuer à la hauteur de leurs émissions. Cette démarche vise à mettre sur le même pied les pays du Sud (généralement peu émetteurs) et les pays développés du Nord qui sont les principaux responsables du réchauffement global. Malheureusement, le protocole de Kyoto ne prend pas en compte les émissions de GES importées, c'est-à-dire liées à la déforestation ou à la fabrication de produits dans les pays pauvres, alors qu'ils sont consommés ou utilisés dans les pays riches, ce qui constitue une injustice flagrante.

À l'échelle locale, le numérique représente souvent une source d'exclusion et donc d'inégalité. Le désengagement de l'État et des services publics au profit de services en ligne se traduit par une augmentation de la fracture numérique. En effet, une partie de la population n'est pas capable d'utiliser ces outils, elle est donc pénalisée. Il s'agit fréquemment d'une double peine puisque cette même population est également souvent (mais pas toujours) défavorisée socialement et économiquement.

Pourtant, le numérique peut aussi être un superbe outil pour éviter l'exclusion. Ainsi, un site web conçu en prenant en compte les particularités des personnes différentes ou en situation de handicap – cécité et malvoyance, handicaps moteurs, troubles du spectre autistique, etc. – permet de renforcer le « vivre ensemble ». Malheureusement, cette démarche d'accessibilité numérique n'est pas encore très développée : plus de 90 % des services numériques (sites web, applications mobiles) ne sont pas pensés dans cette logique d'altérité. Ils créent donc de l'exclusion et des inégalités.

Infobésité

Comme le dit l'adage, « trop d'information tue l'information ». Or, depuis l'apparition du web en 1995, le nombre de sources d'informations a crû de façon exponentielle. Chaque jour, l'humanité produit tellement de données informatiques qu'il faudrait littéralement plusieurs dizaines de milliards de personnes pour pouvoir les lire toutes. Les chiffres[27] sont affolants : en 2017, en une seule minute on comptabilisait 69 000 heures de séries et de films regardés sur Netflix, 4,1 millions de vidéos visionnées sur YouTube, 527 760 photos postées sur Snapchat, sans compter 3 607 080 recherches Google, 456 000 tweets, 46 740 photos Instagram et 103 millions de spams ! C'est cette surabondance excessive qui est appelée « infobésité ».

Cette expansion des informations est préoccupante pour la charge mentale et la désinformation qui découle des *fake news*. D'un point de vue environnemental, elle se traduit par une inflation continue des moyens informatiques et télécoms nécessaires pour réaliser le même acte. D'autant qu'on note un double effet : la quantité d'informations qui circulent augmente rapidement et celles-ci sont de plus en plus lourdes. Ainsi, entre 1995 et 2015, le poids moyen des pages web a été multiplié par 115 (voir aussi obésiciel). En fin de compte, entre 2010 et 2018, le poids des données transportées a quadruplé, passant de 0,5 à 2 milliards de téraoctets par an. Et le nombre de serveurs a presque doublé, passant de 35 millions à 61 millions. Malheureusement, la qualité des informations diffusées en ligne n'a pas suivi la même courbe...

Intelligence artificielle

Présentée depuis quelques années comme la panacée, l'intelligence artificielle (IA) se résume pour l'instant essentiellement à des réseaux de neurones. À défaut d'être intelligents, ces algorithmes apprennent, *via* des approches dites de *deep learning*, à reconnaître des formes (*pattern*) ou des situations, à partir de très grandes quantités d'informations. Cet apprentissage nécessite une puissance de calcul à la hauteur, qui induit à son tour d'importants impacts environnementaux. En l'état, les IA ne répondent donc pas totalement aux enjeux du développement durable et il faut les employer avec parcimonie.

Dans le domaine médical, par exemple, des IA surentraînées commencent à détecter certains cancers (du poumon, par exemple) avec plus de fiabilité que des oncologues expérimentés. C'est un progrès indéniable pour l'humanité. Cependant, le projet

Kdog[26] développé par l'Institut Curie fait aussi bien avec des chiens ! En effet, chaque cancer émet une odeur particulière (des phéromones) que le meilleur ami de l'homme, grâce à sa grande sensibilité olfactive et à son intelligence, bien supérieure à celle d'une machine, perçoit et identifie sans commettre plus d'erreurs qu'une IA. L'intérêt de cette approche low-tech réside, dans ce cas précis, dans le respect des objectifs du développement durable : pas d'impact environnemental, contrairement aux ordinateurs, et un coût notablement réduit par rapport à la high-tech, ce qui permet d'envisager des campagnes de dépistage même pour les plus démunis.

Ces deux approches, plus complémentaires que concurrentes, ne doivent pas être opposées. L'IA est un formidable outil pour détecter des *patterns* qui ont échappé aux plus brillants esprits humains. Elle vient ainsi compléter les connaissances des praticiens pour les rendre plus performants. La low-tech, en l'occurrence *Canis canis*, décharge le travail des IA qu'on peut alors concentrer sur des tâches critiques et à très haute valeur ajoutée. L'important est donc de mettre systématiquement en perspective la high-tech – l'IA dans le cas présent – et les autres solutions à notre disposition, low-tech en particulier, pour en tirer la quintessence. L'univers numérique du futur sera assurément constitué de high- et de low-tech.

Internet

Chargé initialement d'« inter-connecter » les réseaux (*net*) informatiques locaux, d'où son nom, l'internet relie aujourd'hui près de 30 milliards d'équipements – dont 15 milliards d'objets connectés, 3,6 milliards de smartphones, 2,4 milliards de téléphones mobiles, et un peu moins de 2 milliards d'ordinateurs – à 60 millions de serveurs *via* 1 milliard d'équipements réseau, surtout des box ADSL et des antennes relais.

Ce réseau mondial est utilisé par plus de 4,3 milliards d'individus qui en sont de plus en plus dépendants. En effet, de la diffusion de la télévision à la gestion de son compte en banque, en passant par la prise de rendez-vous chez son médecin, tous les usages modernes empruntent désormais le réseau des réseaux. L'empreinte du numérique connecté ne cesse donc d'augmenter. Elle a presque doublé entre 2010 et 2018. Heureusement, il est possible de la réduire considérablement grâce à l'écoconception des services numériques.

IT for green

Popularisée en 2008, l'expression *IT* (*information technology*) *for green* désigne la démarche qui consiste à utiliser le numérique pour réduire des impacts environnementaux. Avec le temps, elle a fini par englober les trois volets du développement durable (*people*, *planet*, *profit*) et donc par désigner « le numérique au service du développement durable ».

Beaucoup de solutions numériques sont aujourd'hui proposées par des start-up pour aider l'humanité à réduire son empreinte environnementale, pour améliorer la condition humaine, la vie de la cité, etc. Elles sont estampillées « *tech for good* », « *civic tech* », etc.

Malheureusement, très peu de ces entreprises font l'effort de quantifier les impacts directs de leurs outils numériques, par exemple *via* une analyse de cycle de vie. On voit donc apparaître de plus en plus de « solutions » techniques, comme des thermostats connectés, dont le bilan global en termes d'allègement de l'empreinte environnementale n'est absolument pas démontré. Or, encore plus que dans les autres domaines de l'économie, ces produits et services numériques dont l'objectif affiché est de « sauver le monde » devraient faire systématiquement l'objet d'une évaluation environnementale stricte qui comptabilise les impacts directs, forcément négatifs, et les impacts évités (positifs). À défaut – et c'est malheureusement la norme – il s'agit simplement de *greenwashing*.

Enfin, comme n'importe quel autre produit ou service, ces « solutions » devraient aussi suivre une démarche de conception responsable de service numérique afin de limiter leurs impacts environnementaux négatifs directs et de ne pas exclure certains utilisateurs.

Bref, en l'état, l'inquiétude concernant l'avenir de nos enfants a bon dos et sert surtout à faire plus de business et à donner bonne conscience à des geeks « écolos » qui ont absolument besoin d'une armada de gadgets électroniques pour comprendre qu'il faut couper le robinet d'eau quand on a fini de se laver les dents…

Kaya (équation de)

L'équation de Kaya est utilisée pour analyser ou simuler l'évolution des émissions mondiales de gaz à effet de serre (GES) dans le cadre des politiques de lutte contre le réchauffement global. Selon cette équation, les émissions d'un pays sont liées à quatre paramètres : le produit intérieur brut (PIB) par habitant, le nombre d'habitants, la consommation d'énergie par habitant et l'intensité en GES de l'énergie consommée.

$$CO_2 = POP \times \frac{PIB}{POP} \times \frac{E}{PIB} \times \frac{CO_2}{E}$$

D'un point de vue sociétal, cette équation montre qu'il existe un lien entre le mode de vie et l'intensité énergétique, et que les politiques publiques ont un impact en termes de natalité et d'énergie. Pour réduire la quantité de GES d'origine anthropique, on peut plus ou moins jouer sur un ou plusieurs levier(s) à la fois. Par exemple, la sobriété énergétique ne peut pas, à elle seule, compenser le mode de vie des pays riches qui exportent une grande partie de leurs émissions dans les pays du Sud. De la même façon, il est illusoire de fonder la survie de l'humanité uniquement sur la régulation des naissances dans les pays à forte natalité.

Tout l'intérêt de cette équation est de nous rappeler que l'avenir ne peut être construit qu'ensemble – pays riches et pays pauvres –, en actionnant tous les paramètres, et en adaptant l'intensité des mesures liées à chacun d'entre eux en fonction de la situation des différents pays. Par exemple, en France, on jouera d'abord sur une consommation plus raisonnée des biens manufacturés et sur les économies d'énergie avant de chercher à maîtriser la natalité.

L'équation de Kaya est aussi un outil d'anticipation : elle permet à un pays de ne pas reproduire les erreurs déjà commises par d'autres. Il est alors possible d'espérer que les pays du Sud tiendront compte des erreurs des pays développés et ne considéreront pas la consommation individuelle de masse comme un modèle à suivre.

Enfin, l'équation de Kaya souligne le caractère politique du développement durable. Ainsi, un pays peut atteindre un certain niveau d'émissions de GES en adoptant différentes stratégies : par exemple, en actionnant tous les leviers simultanément, avec une intensité moyenne, ou, au contraire, en actionnant radicalement un unique levier (forte décroissance, par exemple, mais hausse de la natalité pour compenser la « dé-mécanisation » de l'économie).

Label numérique responsable

S'il existe des écolabels pour distinguer les équipements qui impactent moins la planète, l'équivalent n'était pas encore disponible pour les organisations. Le Club Green IT et ses partenaires, dont les pouvoirs publics, proposent depuis peu le label « Numérique responsable » qui témoigne de l'engagement d'une organisation en termes de sobriété numérique.

Fondé sur un référentiel validé par l'Ademe et le ministère de la Transition écologique et solidaire, ce label est adapté à tous les types d'organisations : collèges, associations, très petites et moyennes entreprises, grandes entreprises privées ou publiques, administrations, collectivités territoriales. Il distingue les organisations qui ont fait un réel effort pour structurer leur démarche de sobriété numérique et ont, au minimum, obtenu de premiers résultats encourageants. Le dispositif de labellisation s'appuie sur deux outils : le référentiel de bonnes pratiques *Green IT* du club éponyme et un outil de diagnostic de recevabilité, d'éligibilité et d'audit propre au label. Plusieurs organisations comme Pôle emploi et la cité scolaire de Surgères l'ont déjà obtenu.

Low-tech

En 1969, nous sommes allés sur la Lune grâce à un simple mail ! La capacité de stockage de l'ordinateur de bord de la mission Apollo était, en effet, de 70 Ko, soit à peu près la taille d'un e-mail en 2019. Contraints par les limites de l'époque, les ingénieurs de la Nasa ont été obligés de se montrer pour le moins... inventifs ! C'est ça, la low-tech : privilégier des techniques et des technologies simples, robustes, bien maîtrisées par le plus grand nombre, et peu coûteuses tant sur le plan économique que sur le plan social et environnemental. Leur utilisation astucieuse – dans l'esprit « *jugaad* » qui désigne une réparation ingénieuse ou une solution disruptive en tamoul – permet généralement de délivrer la même qualité de service que des technologies dernier cri souvent mal employées.

Jugaad et low-tech sont fréquemment intriqués. Avinash Lingamneni, chercheur à l'université de Rice aux États-Unis, a mis au point un microprocesseur plus rapide et moins énergivore que les modèles concurrents. La clé de cette incroyable réussite ? L'imprécision. En tolérant une marge d'erreur plus grande dans les calculs qu'il réalise, ce microprocesseur « simpliste » décode des vidéos 10 fois plus vite que n'importe quel autre, en consommant 10 fois moins d'énergie.

Dans un registre différent, l'exemple d'Apollo montre que des technologies vieilles de plus de 50 ans, considérées comme low-tech dans l'univers numérique contemporain, permettent littéralement de conquérir la Lune. Un défi que les technologies high-tech modernes peinent à relever.

Face à l'effondrement actuel, la low-tech peut nous aider à créer un numérique plus sobre, plus résilient et plus inclusif. Par exemple, l'application m-Pedigree sauve des centaines de vies tous les jours en Afrique grâce à un simple échange de SMS : l'utilisateur envoie le numéro inscrit sur l'emballage de sa boîte de médicament et il reçoit une réponse immédiate l'informant s'il s'agit d'un vrai remède ou d'un simple placebo. Comme pour la conquête de la Lune, nul besoin de smartphone dernier cri ni de 4G pour éviter les ravages des médicaments contrefaits.

C'est également ce que démontrent Thor et Nikios, deux chiens renifleurs de l'Institut Curie. Dans le cadre du protocole Kdog, ils ont prouvé qu'ils étaient aussi rapides et fiables qu'une intelligence artificielle (IA) à plusieurs millions d'euros pour détecter le cancer du sein. Plutôt que traiter une image numérique à l'aide d'un appareil compliqué, c'est un « simple » animal, éminemment plus intelligent et fin qu'une IA, qui identifie une odeur spécifique.

Bien évidemment, il ne faut pas opposer la low-tech aux technologies les plus récentes. Les deux approches se complètent. En effet, plus l'humanité avancera dans l'effondrement, moins elle aura la capacité à maintenir le système numérique high-tech actuel, car il est trop complexe et son fonctionnement nécessite trop d'énergie, d'où le terme « high- » tech. Par ailleurs, le rêve du « tout numérique » est mathématiquement impossible à réaliser : au rythme présent, les réserves des principales matières premières servant à fabriquer les équipements numériques seront épuisées dans une ou deux générations. Autrement dit, nous avons atteint l'apogée. À partir d'aujourd'hui, sauf à précipiter l'effondrement, nous ne pouvons que tendre progressivement vers plus de low-tech et moins de high-tech.

Dans l'immédiat, l'urgence est de réussir à articuler low-tech et high-tech pour en tirer le meilleur. La low-tech est intéressante pour les usages massifs et non critiques, par exemple privilégier la TNT plutôt sur l'ADSL pour regarder la télévision, tandis qu'il vaut mieux réserver les ressources numériques les plus évoluées pour des usages critiques. Plus on travaille sur ce sujet et plus il semble évident que les « vieilles » technologies sont aussi, presque toujours, les plus sobres.

La low-tech est utile pour répondre aux besoins quotidiens. Mais c'est aussi une stratégie de résilience. Comme on sauvegarde des graines au Groenland, il va devenir capital de pouvoir sauvegarder la culture et la connaissance humaines, tout en garantissant l'accès à ce bien commun à tout un chacun. Couplée à l'*open source* et à la standardisation, la low-tech est une piste très sérieuse pour concevoir des solutions de stockage et de transmission du savoir à la fois pérennes et capables de toucher le plus grand nombre. Paradoxalement, ce domaine n'est pas du tout étudié malgré l'urgence devant l'effondrement en cours.

Minerai

Le numérique est l'industrie qui consomme le plus de ressources abiotiques dont il épuise les stocks à toute vitesse et à grand renfort de produits chimiques. Ainsi, l'extraction de l'or s'appuie massivement sur l'utilisation de mercure, essentiel pour agglomérer les paillettes de métal précieux. Pourtant, 1 g de mercure pollue 1 m^3 de sol pendant 50 ans...

L'Union européenne fournit une liste de 41 matières premières indispensables à l'industrie numérique, dont de nombreux métaux[28]. Les minerais les plus critiques sont l'étain, le tantale, le tungstène, l'or, le cobalt, le cuivre, le gallium, l'indium, le nickel et les métaux des terres rares. De surcroît, l'extraction de certains d'entre eux, dont l'étain, le tantale, le tungstène et l'or notamment, s'effectue dans des conditions inhumaines.

La seule solution, pour réduire les impacts environnementaux et sociaux associés à l'extraction de ces minerais, est de diminuer la demande et, par conséquent, de fabriquer moins d'équipements numériques. Pour ce faire, les appareils qui existent déjà doivent être conservés plus longtemps, ce qui est possible si l'on favorise leur réparation, leur réemploi et ensuite leur recyclage. Il est également nécessaire de concevoir des services numériques dont le fonctionnement exige moins de puissance.

Or, le taux d'équipements en produits électroniques en France a été multiplié par six en 30 ans[2] et les pays émergents prennent aujourd'hui le relais de cette croissance. Par ailleurs, jusqu'à présent, on collecte peu et on recycle très mal les déchets électroniques.

Minerai des conflits

Aujourd'hui, les minerais des conflits ont pris le relais des « diamants de sang » pour financer les conflits armés et les guerres civiles en Afrique et en Asie, notamment.

Quatre minerais posent particulièrement problème : l'étain, le tantale, le tungstène et l'or. Extrait principalement en République démocratique du Congo qui possède plus de 50 % des réserves mondiales, le coltan est devenu le symbole des minerais des conflits. Amnesty International estime que 40 000 enfants travaillent dans des conditions inhumaines dans les mines congolaises.

Le *Conflict Free Mineral Act*[29] aux États-Unis et la *Conflict Minerals Regulation*[30] en Europe tentent d'imposer une meilleure traçabilité de ces minerais, ce qui est possible, comme le démontre l'organisation non gouvernementale Fairphone en fabriquant des smartphones plus éthiques que la moyenne.

Mine urbaine

Les mines urbaines sont nos décharges. Plus elles concentrent de déchets d'équipements électriques et électroniques, plus la concentration en minerais, terres rares et autres métaux critiques y est grande. On estime, par exemple, qu'un tiers des réserves mondiales d'or, toutes sources confondues, se trouve dans nos décharges.

Si les métaux y sont plus concentrés que dans la nature, l'extraction des minerais reste difficile du fait des mélanges de matières. Et les processus de recyclage sont particulièrement agressifs. Par exemple, pour récupérer l'or contenu dans les microprocesseurs, on utilise un bain d'acide chlorhydrique, du cyanure, plusieurs électrolyses et plusieurs passages dans des hauts-fourneaux ! Autant dire qu'un encadrement strict des conditions de recyclage est nécessaire pour éviter d'amplifier les impacts environnementaux associés aux déchets électroniques.

Les mines urbaines seront donc un gisement intéressant quand nous aurons découvert des processus de recyclage des matériaux à la fois plus rentables et moins impactants pour l'environnement que l'extraction des matières vierges.

Négawatt

Ce terme a été inventé par Amory Lovins, expert américain des stratégies énergétiques et fondateur du Rocky Mountain Institute. Il désigne l'énergie non consommée ou économisée grâce à des actions de sobriété ou d'efficacité énergétique.

Le négawatt se fonde sur le constat qu'il est généralement plus rentable et moins impactant pour la planète d'économiser de l'énergie plutôt que la produire.

En France, l'association negawatt.org propose un scénario 2017-2050, des formations et des outils opérationnels pour aider les entreprises, les particuliers et les pouvoirs publics à adopter une « démarche négawatt » fondée sur trois axes : la sobriété énergétique, l'efficacité énergétique et le recours aux énergies renouvelables.

Il s'agit, dans le domaine du numérique, de :

- prioriser les besoins énergétiques essentiels dans les usages individuels et collectifs de l'énergie : éteindre les box ADSL et boîtiers TV associés, allonger la durée de vie des équipements pour réduire globalement l'énergie grise associée, etc. ;
- diminuer la quantité d'énergie nécessaire à la satisfaction d'un même besoin : par exemple, échanger simplement à l'aide d'un téléphone mobile plutôt que *via* une conférence vidéo avec une résolution d'image HD passant par un réseau 4G ;

- privilégier les énergies renouvelables qui peuvent remplacer progressivement les énergies fossiles et nucléaires.

Numérique

Le numérique est une forme de représentation d'une information par des nombres. Le système le plus populaire et le plus connu est le système binaire qui permet d'encoder n'importe quelle information à partir de deux chiffres : 0 et 1. Une fois interprétée, une suite de 0 et de 1 peut donner naissance à une image, une instruction informatique, un document PDF, etc. Par extension, l'expression « le numérique » désigne l'univers numérique et, notamment, l'ensemble des équipements électroniques qui manipulent des données binaires et sont, en général, reliés à l'internet.

L'idée de sobriété numérique vise à s'assurer que l'univers numérique est en adéquation avec les enjeux auxquels l'humanité doit faire face en termes tant quantitatifs (nombre d'équipements) que qualitatifs (type de technologie, usages, durée de vie, etc.). Il s'agit notamment de s'assurer que les bénéfices apportés par le numérique sont supérieurs aux inéluctables impacts environnementaux directs négatifs qu'il génère.

Obésiciel

Né de la contraction des mots « obèse » et « logiciel », ce terme (*bloatware*, en anglais) désigne les logiciels dont l'« embonpoint » est tel qu'ils en deviennent obèses. Cet embonpoint est principalement dû à deux phénomènes. Le premier est l'empilement de briques logicielles préfabriquées. Pour réaliser un site web, par exemple, au lieu d'écrire quelques pages HTML à la main, on empile des logiciels comme Wordpress et des bibliothèques JavaScript et CSS. Le second phénomène est lié aux mises à jour logicielles. Les mises à jour évolutives, qui modifient ou ajoutent des fonctionnalités, ne sont plus séparées des mises à jour correctives qui rectifient des dysfonctionnements ou bouchent des failles de sécurité. L'utilisateur est alors contraint d'installer de nombreuses fonctionnalités inutiles qui consomment un surcroît de ressources (mémoire vive, espace de stockage, etc.), au point souvent de déclencher l'obsolescence des équipements. Une situation clairement établie depuis plus de 10 ans[31].

Ce phénomène touche toutes les architectures logicielles. Nous avons démontré qu'il faut 114 fois plus de mémoire vive (RAM) pour passer du couple Windows 98 et Office 97 au couple Windows 8 et Office 2013[31]. Pourtant, on réalise exactement le même acte : saisir un texte dans Word, faire un calcul dans Excel, écrire un mail, etc. Nous avons également montré que le poids d'une page web a été multiplié par 115 entre 1995 et 2015[32].

Cette inflation des besoins des logiciels en ressources informatiques provoque un raccourcissement de la durée de vie des matériels. Parce que l'équipement « rame », lorsqu'on met à jour le système d'exploitation et/ou les logiciels qui s'y exécutent, on finit par le remplacer. Ce mécanisme est l'un des principaux leviers de l'obsolescence programmée.

Pour faire faire un « régime » à ces logiciels, le plus simple est d'adopter une posture de sobriété dès leur création. C'est ce que propose la démarche de conception responsable de services numériques. En tant que particulier, on peut aussi lutter très efficacement contre cette tendance en évitant d'installer certaines mises à jour inutiles.

Objectifs de développement durable (ODD)

Les ODD[33] sont un appel à agir, dirigé vers tous les pays, pour promouvoir la prospérité et la protection de la planète. Définis par les États membres de l'ONU en 2015, les 17 ODD couvrent l'intégralité des enjeux de développement dans tous les pays tels que le climat, la biodiversité, l'énergie, l'eau, la pauvreté, l'égalité des genres, la prospérité économique ou encore la paix, l'agriculture, l'éducation, etc. Ils sont mesurés par 244 indicateurs chiffrés ayant chacun un seuil précis à atteindre à l'horizon 2030.

Bien que la sobriété numérique contribue à de nombreux ODD, notamment en diminuant les impacts environnementaux qui touchent aujourd'hui les populations les plus fragiles du globe (on pense par exemple aux conséquences sanitaires des déchets électroniques en Afrique), le numérique est surtout perçu comme un outil pour accéder à certains objectifs. Par exemple, l'ODD 16.5 vise à « réduire nettement la corruption et la pratique des pots-de-vin sous toutes leurs formes ». Dans ce cadre, de nombreuses applications et sites web ont été lancés partout dans le monde pour dénoncer les malversations. C'est en particulier le cas de MexicoLeaks au Mexique, de stopcorruption.ma au Maroc, de Tracka au Nigeria, de The Corruption Detector au Brésil, ou bien encore d'Anticorr au Bénin. Autre exemple, dans le cas de l'ODD 3 qui vise « Santé et bien-être », une application comme m-Pedigree permet de mieux se soigner grâce à un SMS.

Parmi les 244 indicateurs pris en compte par l'ONU, 6 portent sur le numérique. Ils vont de « la proportion d'établissements scolaires ayant accès à internet à des fins pédagogiques et à des ordinateurs à des fins pédagogiques (4.a.1) » à la « proportion de la population utilisant internet » (17.8.1).

Objets connectés

Quasi inexistants il y a encore 10 ans, les objets connectés déferlent sur le monde tel un tsunami. Selon les études, on en dénombrera 30 milliards en activité en 2020 et plus de 75 milliards en 2025. Ils prennent de très nombreuses formes : thermostat, montre, véhicule, système de sécurité, compteur « intelligent », robot de manutention, pèse-personne, puces RFID (*radio frequency identification*) injectées dans les chiens, les chats, les bovins, etc. Si certains appareils, tels les dispositifs médicaux, ont un intérêt indéniable pour l'humanité, d'autres, comme les chaussettes et les préservatifs connectés, semblent plus anecdotiques. Il n'empêche, chaque objet connecté se traduit par une « entropie matière » : les minerais et l'énergie fossile employés pour les fabriquer sont à la fois dispersés spatialement (alors qu'ils étaient concentrés dans le sol) et très peu recyclés (on perd donc des quantités de matières qui ne sont plus utilisables). Par ailleurs, l'essor des objets connectés impose d'augmenter la taille de l'infrastructure permettant de transporter, de stocker et de traiter les données qu'ils produisent et affichent. En conséquence, la pollution associée va s'amplifier dans les décennies à venir.

En tant que consommateur, vous pouvez agir à plusieurs niveaux : le plus efficace est évidemment de ne pas acheter l'objet connecté s'il ne vous est pas indispensable. Il faut ensuite essayer d'en allonger la durée de vie au maximum. Pour y parvenir, outre les critères liés à la réparation physique de l'équipement, le critère technique clé concerne l'ouverture des protocoles de communication employés par ces appareils. En effet, l'utilisateur doit pouvoir connecter son objet à d'autres sources de données que celles livrées initialement avec. Pour le dire autrement, comme on change de chaîne sur une télévision, on doit pouvoir changer de chaîne sur un objet connecté. Au delà de l'ouverture des interfaces d'échange de données, l'ouverture – *open hardware*, *open source* et documentation technique – est une clé fondamentale.

Obsolescence programmée

Programmer l'obsolescence consiste à raccourcir intentionnellement la durée de vie d'un produit à l'aide d'un levier marketing, technique, social, économique, etc. Cette pratique est spécialement répandue dans le domaine du numérique où il suffit de changer un type de connecteur, un format de fichier, ou bien encore de jouer sur les mises à jour logicielles pour déclencher l'obsolescence d'un équipement.

L'obsolescence est parfois prévue dès la conception de l'équipement, par exemple en collant un écran qui sera particulièrement difficile à remplacer s'il est cassé ou en soudant une batterie qui ne pourra pas être changée lorsqu'elle ne tient plus la charge. Mais c'est surtout sur les mises à jour logicielles que comptent les fabricants de smartphones et d'ordinateurs pour provoquer prématurément l'obsolescence des appareils. Si le fabricant ne met plus à jour le système d'exploitation qui fait fonctionner l'équipement, l'utilisateur craint pour la sécurité de ses données personnelles. Il remplace donc son smartphone ou son ordinateur. À l'inverse, des mises à jour trop fréquentes et trop lourdes finissent par ralentir le smartphone ou l'ordinateur, au point que l'utilisateur doit l'échanger contre un plus récent qui ne « rame » pas.

La société civile se rebelle contre ces pratiques qui sont désormais jugées inacceptables tant par les pouvoirs publics que par les consommateurs. En France, l'obsolescence programmée est un délit depuis juillet 2015. À la fin de 2017, après des associations de consommateurs aux États-Unis et en Israël, l'association HOP // Halte à l'obsolescence programmée a porté plainte contre Apple à la suite du ralentissement intempestif de certains iPhone. Un ralentissement déclenché volontairement par le fabricant à l'aide d'une mise à jour logicielle. L'instruction de la plainte est en cours à l'heure où nous écrivons ces lignes. Plus récemment, en octobre 2018, l'autorité de la concurrence italienne a condamné Samsung et Apple pour des faits similaires et une plainte vient d'être déposée en Suisse.

En France, plusieurs dispositifs vont être mis en place par les pouvoirs publics dans le cadre de la Feuille de route économie circulaire pour lutter contre l'obsolescence programmée. On peut citer par exemple l'indice de réparabilité qui devrait pousser les fabricants à mieux concevoir, voire à écoconcevoir leurs équipements. À l'échelle de l'Europe, la directive *Ecodesign* vise à peu près les mêmes objectifs.

Ondes électromagnétiques

Depuis plus d'un siècle, les êtres humains utilisent les ondes radioélectriques de faible énergie, c'est-à-dire d'une fréquence inférieure à 300 GHz, pour transporter des données sans fil. Les plus utilisées sont notamment les plages UHF (ultrahaute fréquence) et SHF (suprahaute fréquence) qui courent de 300 MHz à 30 GHz. Elles correspondent à des technologies telles que le Wi-Fi (ou wifi), les téléphones sans fil (DECT, *digital european cordless telephone*), la 2G, 3G, 4G, 5G, la TNT, etc. Les bandes de fréquences utilisées pour la téléphonie mobile s'étalent de 700 MHz pour la 1G à 3 800 MHz pour la 5G. Plus la fréquence (Hz) est élevée, plus l'énergie nécessaire pour produire l'onde est importante. La téléphonie mobile consomme donc de plus en plus d'énergie.

La plupart des longueurs d'onde émises par le Soleil et qui parviennent jusqu'à nous n'ont aucun impact direct sur notre santé. D'autres, en revanche, comme les longueurs d'onde à très haute énergie telles les ultraviolets et les rayons X, sont des cancérigènes certains. C'est pourquoi, dès 2011, l'OMS a classé les champs de radiofréquences électromagnétiques émis par les terminaux mobiles connectés (téléphones, smartphones, tablettes) comme « potentiellement cancérigènes[34] ». Malgré ce classement, le principe de précaution n'est pas mis en œuvre tant les intérêts économiques sont grands. En 2017, 171 scientifiques du monde entier ont demandé que soit mis en place un moratoire sur la 5G afin d'appliquer le principe de précaution[35]. Cette démarche n'a été suivie d'aucun effet.

L'impact sanitaire pourrait être encore plus important que prévu, car, jusqu'à récemment, la plupart des recherches ne considéraient pas l'« effet cocktail » – ou « smog électromagnétique » –, c'est-à-dire le fait de recevoir en permanence une très grande quantité d'ondes électromagnétiques de faible intensité : rayonnement CPL, rayonnement résiduel des fours à micro-ondes, plaques de cuisson à induction, chargeurs de smartphones à induction, et bien entendu toutes les autres sources déjà citées. Bien que plus contraignants en matière d'usage, les câbles blindés et les fibres optiques n'émettent pas d'ondes électromagnétiques (en dehors du support de transmission). Dans une logique de sobriété, il serait donc intéressant d'articuler leur utilisation avec celui des dispositifs sans fil pour limiter au maximum l'exposition. Malheureusement, la majorité des utilisateurs semble accepter un risque sanitaire aussi important que le cancer pour bénéficier d'une facilité d'usage. L'information n'étant pas suffisante, il faudra donc légiférer pour protéger la population.

Open source

L'*open source* consiste à donner accès au code source d'un logiciel grâce à une licence qui le permet juridiquement et à un ensemble d'outils, notamment des dépôts tels que GitHub et GitLab. Ces dépôts sont des sites web sur lesquels on peut facilement trouver le code source d'un logiciel précis. Au commencement de l'informatique, le code source de tous les logiciels était ouvert, et les développeurs se les échangeaient volontiers. Mais, avec l'avènement de la micro-informatique, un marché juteux de vente de licences d'utilisation des logiciels est apparu et la très grande majorité des logiciels commerciaux sont devenus « propriétaires », c'est-à-dire qu'ils n'autorisent plus l'accès au code source. De nombreuses techniques ont également été mises en œuvre pour rendre impossible cet accès au code source.

Il a fallu attendre le milieu des années 1990 pour que l'ouverture du code source soit de nouveau d'actualité avec deux mouvements : celui du logiciel libre porté par Richard Stalman, la Free Software Foundation et popularisé par Linus Torvald avec le système d'exploitation Linux ; et celui de l'*open source* lancé par Eric Raymond. Ce dernier vise uniquement à garantir l'ouverture du code source et ne s'encombre pas des idéaux chers aux libristes.

L'ouverture n'est plus réservée aux logiciels. Elle s'applique aussi au matériel (*open hardware*) et au contenu avec les licences Creative Commons. Toutes ces licences ont en commun de protéger la paternité des auteurs du logiciel, schéma ou contenu fourni et d'en préciser les utilisations possibles. Par exemple, la licence Creative Commons By-NC-ND oblige à distribuer un contenu identique, sans le faire évoluer, et en interdit tout usage commercial. Elle oblige également à préciser le nom des auteurs (« By »).

L'idée d'ouverture est très importante pour bâtir un univers numérique à la fois moins impactant pour la planète et plus pérenne. Moins impactant, car, en permettant à des communautés d'utilisateurs d'accéder au code source d'un logiciel, on favorise sa maintenance et donc l'allongement de sa durée de vie. L'arrêt du support technique est souvent employé par les éditeurs de logiciels propriétaires pour inciter les utilisateurs à acheter une nouvelle version. Le phénomène a été très net lorsque Microsoft a poussé les utilisateurs de Windows XP à migrer vers Windows Vista (ou plus récemment vers Windows 10). S'ils avaient eu accès au code source de Windows XP, ils auraient pu conserver une version fonctionnelle jusqu'en 2019 ! Et ainsi conserver leur ordinateur plus longtemps, réduisant d'autant leurs impacts environnementaux.

Grâce à l'ouverture du code, les utilisateurs peuvent s'approprier les logiciels et, ce faisant, développer un savoir-faire indispensable pour perpétuer leur utilisation dans le temps. Plus les utilisateurs maîtriseront finement les logiciels clés qui permettent aujourd'hui à tout un chacun d'échanger avec la terre entière et plus la pérennité du réseau mondial de communication et de diffusion d'information sera assurée.

Organisations non gouvernementales (ONG)

Depuis quelques années, les ONG et la société civile se sont emparées du sujet du numérique, essentiellement pour dénoncer ses atteintes à l'environnement.

Au niveau international, Greenpeace est certainement l'ONG dont les actions ont le plus grand retentissement, notamment avec son *Guide to Greener Electronics* et plus récemment sa campagne « *Click clean* » qui vise à signaler le peu d'efforts que font les géants du web pour alimenter leurs centres informatiques avec une électricité moins émettrice de gaz à effet de serre.

En France, les ONG les plus actives sont :

- Les Amis de la Terre avec sa campagne « Garantie 10 ans maintenant » qui vise à étendre la durée de la garantie légale de 2 à 10 ans, donc à allonger la durée de vie des produits et à lutter contre l'obsolescence programmée ;
- HOP // Halte à l'obsolescence programmée qui, comme son nom l'indique, lutte contre l'obsolescence programmée. Parmi ses actions dans le domaine du numérique, cette association a notamment porté plainte contre Epson en 2017 en ce qui concerne ses imprimantes à jet d'encre et ses

cartouches d'imprimantes, et en 2018 contre Apple sur l'obsolescence de ses modèles d'iPhone 6, 6S, SE et 7. En parallèle, l'association milite pour des produits plus durables. Elle propose aux pouvoirs publics des actions concrètes à mettre en œuvre sur le plan tant réglementaire que politique et met à la disposition des consommateurs des outils pratiques tels que le site www.produitsdurables.fr ;
- et, enfin, le WWF France qui a publié dès 2011 un *Guide pour un système d'information écoresponsable* à l'attention des entreprises et a réalisé, en 2018, une vaste étude baptisée « We Green IT » pour quantifier l'empreinte numérique des entreprises et souligner les bonnes pratiques à mettre en place pour la réduire.

D'autres ONG, ou structures du même type, comme Sherpa, ActionAid, Peuples solidaires, Good Electronics, China Labour Watch, Electronics Watch et SOMO, agissent pour une amélioration des conditions de travail, notamment dans les usines d'assemblage, principalement situées en Chine. Au début de 2018, Sherpa et ActionAid ont, par exemple, attaqué Samsung en justice pour violations des droits de la personne dans ses ateliers.

D'autres encore, comme Amnesty International, l'Unicef et les Amis de la Terre, dénoncent l'emploi de 40 000 enfants qui extraient du coltan en République démocratique du Congo, dans le sud du pays.

Enfin, certaines entreprises militantes, comme iFixIt et SoSav dans le domaine de l'autoréparation, et Commown et Fairphone dans le domaine de la téléphonie, participent à la prise de conscience et proposent des solutions concrètes. Des ONG plus généralistes comme Zero Waste France et France nature environnement s'intéressent également au sujet.

Ouverture

L'ouverture est un concept fondamental pour bâtir un avenir enviable à nos enfants. Dans le numérique, il s'agit surtout, mais pas seulement, d'ouvrir les données (*open data*), les logiciels (*open source*), les spécifications techniques matérielles (*open hardware*), les interfaces de programmation et plus généralement le savoir (*open innovation*, *open research*, etc.), grâce notamment aux licences Creative Commons. Cette ouverture est essentielle pour accélérer et élargir la diffusion des informations sans restriction.

Dans le domaine des données (*open data*), l'ouverture permet à des tiers (qui n'ont pas produit la donnée) d'inventer de nouveaux services numériques dédiés à l'environnement et/ou aux êtres humains.

En ce qui concerne le matériel (*open hardware*), l'accès aux spécifications techniques incite à l'émergence de communautés d'usagers capables de réparer les équipements ouverts, de construire des solutions à partir des briques matérielles ouvertes et de fournir de nouveaux composants matériels complémentaires.

Enfin, s'agissant des logiciels, l'ouverture du code source favorise la correction rapide de failles de sécurité et de dysfonctionnements (bugs), ainsi que l'allongement de la durée de vie du logiciel qui est maintenu tant qu'il est utilisé. L'ouverture des spécifications techniques, notamment la documentation des interfaces de programmation (ou *application programming interface*, API, en anglais), permet, par exemple, d'accroître la durée de vie d'objets connectés, même si l'entreprise qui les commercialise disparaît.

Plus largement, l'ouverture est un gage de résilience pour l'humanité. Au rythme actuel, d'ici à quelques décennies, il sera probablement plus important de pouvoir réparer un équipement électronique que de pouvoir le vendre.

Partage

À l'heure où tous les stocks de ressources s'épuisent inexorablement, le partage de ce qui reste semble une évidence pour assurer la survie de l'humanité. C'est pourtant l'effet inverse qui se produit : ces dernières décennies, faute d'une réelle capacité à dessiner un avenir commun, les sociétés occidentales ont développé une hypercompétitivité qui laisse peu de place au « vivre ensemble ».

Heureusement, à l'opposé de cette tendance peu constructive, les notions de biens communs ou d'économie collaborative prennent leur essor dans une frange de plus en plus grande de la population. Au lieu de permettre de miner des cryptomonnaies chacun dans son coin, le numérique sert alors d'intermédiaire entre l'offre et la demande d'une ressource. Le partage d'un véhicule assurant un trajet entre Grenoble et Limoges, en passant par un site web de covoiturage, permet, par exemple, au conducteur et aux covoiturés de réduire l'empreinte économique et environnementale de leur déplacement. Il crée aussi du lien et de la confiance entre êtres humains. En ce sens, le numérique est un formidable outil pour accélérer la désintermédiation proposée par l'économie collaborative. Une désintermédiation qui vise à la fois à définanciariser la société et à proposer des modes de valorisation différents tel le troc de compétences. Grâce à sa capacité à concentrer l'offre et la demande sur des plates-formes web, le numérique est clairement au cœur de cet essor de l'économie du partage.

Pédagogie

La formation est un formidable vecteur pour accélérer le changement. Il est donc essentiel d'investir sur les enseignants, de les instruire correctement sur le sujet de la sobriété numérique et, plus généralement, de la rencontre entre le numérique et le développement durable, et de leur fournir une matière fiable à transmettre. Or, il n'existe pas, pour l'instant, d'entrée sur la sobriété numérique et le numérique responsable dans les manuels scolaires ni dans la formation des enseignants. Certains, notamment en école d'ingénieur, tentent d'apporter un contenu, mais ce dernier n'est pas toujours à la hauteur des enjeux. C'est pourquoi, en mars 2018, l'Iddri, la Fing, GreenIT.fr et le WWF France ont proposé aux pouvoirs publics, via le livre blanc *Numérique et environnement*[36], de fournir aux enseignants des kits pédagogiques et l'accès à une plate-forme d'information fiable sur le numérique responsable. En avril 2019, le Collectif conception numérique responsable, des organisations non gouvernementales et des députés ont lancé, une campagne de plaidoyer pour pousser les pouvoirs publics à inscrire le numérique responsable et l'écoconception numérique dans les programmes scolaires[37].

Pleine conscience numérique

La pleine conscience (*mindfulness*, en anglais) est un état mental particulier qui se manifeste lorsque l'on porte son attention, avec détachement, sur soi (son corps, ses émotions, ses pensées, etc.) et sur son environnement. Pratiquée dans un but thérapeutique pour apaiser des personnes stressées, anxieuses et/ou dépressives, cette démarche méditative fait aussi partie d'une forme d'hygiène mentale et corporelle. Elle peut aider les utilisateurs à modifier leurs usages numériques en prenant conscience des sources de stress qui y sont associées : interruptions incessantes liées à l'arrivée de nouveaux e-mails, demandes continuelles de chat sur la messagerie instantanée de l'entreprise, et bien d'autres nuisances. On préférera alors éteindre la messagerie instantanée à certaines périodes de la journée et traiter ses courriels uniquement deux fois par jour, à des heures prédéfinies, plutôt qu'au fil de l'eau. Il s'agit aussi de prendre conscience, *via* des repères concrets, des impacts environnementaux de chacun de nos usages numériques pour arbitrer plus facilement entre l'un ou l'autre. Comprendre que le visionnage d'un seul film en HD *via* ADSL sur le grand écran du salon impacte plus que le stockage de tous nos mails pendant un an devrait nous aider à ne pas sombrer dans l'écologie punitive (« Supprime tes mails ! ») et à privilégier plus souvent un bon livre ou une soirée entre amis !

Pollution

Les pollutions associées au numérique sont tellement nombreuses qu'elles ne peuvent pas être toutes citées ici. Elles sont surtout liées aux étapes d'extraction des minerais, d'une part, et de fin de vie des équipements électroniques, d'autre part. Lors de l'extraction (et du raffinage) des minerais, on utilise souvent des produits chimiques ou toxiques, le mercure par exemple pour agglomérer les particules d'or. En fin de vie, 70 % des déchets électroniques font l'objet d'un trafic et sont « recyclés » dans des conditions environnementales et sanitaires effroyables, notamment en Afrique. Au mercure employé pour l'extraction et déversé dans l'environnement s'ajoutent donc, en fin de vie, divers métaux lourds tels que le plomb ou le cadmium qui sont autant de polluants organiques persistants (POP). Ils s'infiltrent dans le sol des décharges et des sites illégaux de « recyclage », finissent dans la nappe phréatique puis remontent progressivement la chaîne alimentaire jusqu'à nos assiettes. À Agbogbloshie, par exemple, haut lieu du « recyclage » de produits électroniques au Ghana, les œufs des poules affichent des concentrations de POP en quantités ahurissantes, jusqu'à 220 fois supérieures aux limites imposées en Europe ! D'autres polluants comme les retardateurs de flamme bromés (BFR, en anglais) et le PVC induisent des impacts importants tant pour les écosystèmes que pour les êtres humains.

On pourrait continuer longtemps cette litanie. L'essentiel est de retenir que les principales pollutions ont lieu lors de l'extraction des minerais et au moment de la fin de vie des équipements. On peut donc agir indirectement sur l'extraction, pour en limiter l'ampleur, en allongeant la durée de vie des appareils. En ce qui concerne la fin de vie, en France, il suffit de déposer correctement ses déchets électroniques dans les bacs et sites de collecte mis à disposition par les éco-organismes Éco-systèmes et Ecologic pour réduire considérablement les risques de pollutions.

Réchauffement global

Les mesures de température aux quatre coins du globe confirment, depuis des décennies, un réchauffement global (*global warming*, en anglais) planétaire. Selon le GIEC, l'élévation de la température moyenne à la surface de la Terre entre 1901 et 2012 est estimée à 0,9 °C. La première décennie du XXIe siècle a été la plus chaude depuis la mise en place des systèmes modernes de relevés de température. L'objectif est désormais de tenter de rester en deçà d'une élévation de 2 °C.

Le réchauffement global de la planète, pour ce qui est tant de l'air que des océans, est directement corrélé avec l'augmentation de la concentration des gaz à effet de serre (GES) dans l'atmosphère. Celle du dioxyde de carbone est passée d'environ 290 particules par millions (ppm) au XIXe siècle à plus de 400 ppm en 2018. Cette augmentation exponentielle est en grande partie liée aux conséquences de la révolution industrielle, puis de la mondialisation. Or, plus il y a de GES dans l'atmosphère, plus la Terre emprisonne d'énergie solaire. Ce réchauffement global se traduit par des dérèglements climatiques locaux qui induisent de multiples impacts environnementaux négatifs, en premier lieu l'effondrement de la biodiversité.

Recyclage

Ce terme désigne les différents types de traitements que subit un objet en fin de vie. Il ne concerne que les déchets. Il ne doit pas être confondu avec le réemploi qui ne s'applique qu'aux équipements fonctionnels.

Lorsqu'un déchet électronique est pris en charge, plusieurs sortes de traitements peuvent être mis en œuvre, d'intérêt variable pour l'environnement, soit, par ordre décroissant : la réutilisation de l'équipement, la réutilisation d'un ou de plusieurs composant(s), le recyclage matière (récupération de certaines matières premières), la valorisation énergétique (incinération) et l'enfouissement.

Dans le cas des déchets d'équipements électriques et électroniques, l'incinération et l'enfouissement sont interdits du fait de leur très grande toxicité.

Le recyclage économique porte essentiellement sur des métaux à forte valeur et facilement récupérables tels que l'or, l'argent et le cuivre. En revanche, de nombreux minerais critiques et les terres rares ne sont pas récupérés, malgré leur prix, car, à l'heure actuelle, les processus de récupération sont encore plus coûteux que la matière récupérée.

Réemploi

À l'heure où la Terre se meurt de notre boulimie de gadgets électroniques, il est fondamental de renverser le modèle du jetable en développant massivement le réemploi, notamment en soutenant le marché de l'occasion et du « reconditionné ». Il n'y a pas de geste plus efficace pour diminuer les impacts environnementaux d'un équipement numérique existant que de l'utiliser le plus longtemps possible. En allongeant sa durée de vie, on évite la fabrication d'un autre appareil et, ainsi, toutes les conséquences associées à sa construction et à sa fin de vie.

La directive européenne « *Waste of Electrical and Electronic Equipment* » (WEEE) a été actualisée en 2017 pour rappeler que le réemploi doit être privilégié sur le recyclage, notamment parce que cette démarche est plus performante tant sur le plan économique que sur le plan environnemental. La remise en état (le reconditionnement) des équipements électroniques crée plus d'emplois et évite plus d'impacts environnementaux que le recyclage. Par ailleurs, la mise à disposition sur le marché d'appareils reconditionnés redonne du pouvoir d'achat aux ménages les plus faibles.

Malheureusement, le numérique est l'un des domaines dans lequel l'obsolescence programmée et les barrières à la réparation et au réemploi sont les plus présentes. Il ne s'agit pas d'un problème technique, mais bien d'une volonté délibérée de la part de certains acteurs économiques.

Référentiel

Dans le champ du numérique, des recueils de bonnes pratiques, ou « référentiels », visent à aider les organisations, les entreprises privées et publiques, les administrations, à réduire leur empreinte dans un cadre professionnel et à utiliser le numérique pour créer de la valeur en lien avec les objectifs du développement durable.

Ainsi, GreenIT.fr et le Club Green IT ont élaboré un référentiel de 65 bonnes pratiques *Green IT* à mettre en œuvre pour réduire l'empreinte environnementale, sociale et économique d'un système d'information. Ils proposent également un label qui témoigne de l'implication et des moyens employés par des organisations dans cette démarche.

De leur côté, GreenIT.fr et le Collectif conception numérique responsable proposent un référentiel de 115 bonnes pratiques d'écoconception pour réduire l'empreinte environnementale des sites web. Il complète, par un volet écoconception, le Référentiel général d'accessibilité pour les administrations. Fondé sur le référentiel international *Web Content Accessibility Guidelines*, il aide les éditeurs de services numériques à prendre en compte, dès la conception, certaines formes de handicap de leurs usagers potentiels.

Par ailleurs, le collectif Designers éthiques travaille à l'élaboration d'un référentiel portant sur l'éthique. Enfin, le Règlement général européen sur la protection des données est un référentiel qui vise au respect de la vie privée. À l'initiative de GreenIT.fr, des démarches sont en cours pour fusionner la plupart de ces référentiels afin de faciliter une conception globalement responsable des services numériques.

Réparation

La réparation est une action essentielle pour prolonger la durée de vie de ses équipements numériques et ainsi réduire leur empreinte. Contrairement aux idées véhiculées par le succès des *repair cafés* et la mode du *Do it yourself*, il est particulièrement difficile de réparer soi-même un smartphone ou un ordinateur. Certes, certains geeks peuvent y parvenir, mais si vous n'êtes pas spécialistes, mieux vaut ne pas tenter l'expérience. Heureusement, après des années de régression, le marché de la réparation reprend des couleurs, dopé par la réussite de certaines opérations « simples » telles que le remplacement des vitres brisées des smartphones ou le changement des batteries soudées.

En France, dès le 1er janvier 2021, l'indice de réparabilité guidera les consommateurs vers des équipements plus facilement réparables. Il sera d'abord disponible pour les smartphones et les ordinateurs portables. C'est un premier pas en attendant l'extension du dispositif, en préparation, à l'échelle européenne.

Pour que le secteur de la réparation décolle vraiment, les pouvoirs publics doivent absolument aider la société civile à lutter contre les entraves à la réparation mises en place par les fabricants et qui sont autant de mécanismes d'obsolescence programmée. Par exemple : les pièces détachées inexistantes ou accessibles à un tarif prohibitif, les verrous logiciels qui interdisent d'utiliser des pièces génériques ou d'effectuer la réparation en dehors du réseau de réparateur agréé du constructeur, les composants soudés ou collés, extrêmement difficiles à désolidariser de l'équipement… La liste est longue !

La réparation est un droit. Et elle sera aussi une nécessité croissante : avec l'épuisement des minerais et des terres rares, le prix des appareils devrait augmenter considérablement d'ici à la prochaine génération. Outre l'aspect économique, dans un contexte d'effondrement, il est primordial de s'équiper de matériels ouverts, robustes et faciles à réparer.

République démocratique du Congo (RDC)

Ce pays africain concentre une grande partie des réserves de coltan, l'un des minerais indispensables à la fabrication de nos appareils électroniques. La rareté de cette ressource abiotique en a fait une source de revenus particulièrement intéressante pour les groupes armés qui financent ainsi les conflits auxquels ils prennent part. Le coltan de RDC est l'un des principaux minerais des conflits.

Réseaux sociaux

Champions de l'économie de l'attention, ils captent notre « temps de cerveau utile » pour revendre ensuite, en toute légalité, nos données personnelles – sans parler des publicités qu'ils arrivent encore à afficher malgré les bloqueurs.

Un internaute passe en moyenne six heures par jour devant des appareils et des services connectés, ce qui représente environ un tiers de son temps éveillé ! Sur ces six heures, il reste une heure vingt collé aux réseaux sociaux, essentiellement depuis son smartphone. La quantité d'informations qui circulent sur ces véritables forges à *fake news* induit une charge mentale au moins aussi importante que celle du traitement quotidien de ses mails. Or, depuis quelques années, ces communautés diffusent une grande quantité de vidéos, à la fois des publicités et des contenus multimédias partagés par les utilisateurs..., qui sont encore plus addictives ! Au fur et à mesure que la durée de consultation augmente, les impacts environnementaux se multiplient eux aussi.

Résilience

Face aux perturbations planétaires et à l'effondrement en cours, la capacité de l'humanité à surmonter la crise – sa résilience – passera en partie par sa capacité à conserver le savoir qu'elle a acquis depuis des millénaires, à le partager entre vivants et à le transmettre aux générations à venir sans qu'il soit altéré. Contre l'adversité, l'aptitude à communiquer en groupe d'humains géographiquement éloignés est un formidable atout pour s'organiser et élaborer un futur commun.

Le numérique excelle dans ces deux domaines : stocker de grandes quantités d'informations et faciliter les communications et le partage à distance. Ces deux propriétés en font un atout pour la survie de l'humanité, mais uniquement si les technologies numériques employées sont simples à utiliser et aisément reproductibles.

Il faut donc, dès à présent, favoriser la low-tech et l'ouverture des données (*open data*), des savoirs (Creative Commons), des codes sources des logiciels (*open source*) et bien entendu des matériels (*open hardware*). Ce n'est que si ces conditions sont respectées que le numérique pourra constituer un outil de résilience pour l'humanité, c'est-à-dire pour l'ensemble de la population humaine et non pour une élite.

Sac à dos écologique

Le sac à dos écologique mesure la quantité de matières premières nécessaires pour fabriquer un produit fini. La méthodologie associée MIPS (*material input per unit of service*) rapporte le poids total des matières premières au poids du produit fini. On peut alors comparer les produits pour identifier ceux dont l'intensité en matière première est la plus forte.

En général, les équipements numériques l'emportent haut la main devant tous les autres produits manufacturés. Et ce n'est pas une bonne nouvelle ! En effet, le MIPS d'un smartphone est de 1 200 (183 kg de matières premières pour 150 g de produit fini), celui d'une télévision varie entre 200 et 1 000 selon la technologie, celui d'un ordinateur portable est de 350 (850 kg de matières premières pour 2,5 kg de produit fini).

Plus on tend vers une technologie low-tech, et plus le MIPS est faible. Ainsi le MIPS d'un simple téléphone mobile n'est que de 60, soit 20 fois moins qu'un smartphone. Dans le même esprit, le MIPS d'un ordinateur de bureau (*desktop*) n'est que de 60 contre 350 pour un ordinateur portable (à cause de l'écran et de la miniaturisation). Un étiquetage environnemental devrait tenir compte de cette information.

Serveur virtuel

Ah, les joies du monde du numérique et de sa sémantique éthérée ! À en croire les responsables marketing des cinq géants du web – les GAFAM, pour Google, Apple, Facebook, Amazon et Microsoft –, nos smartphones se connectent à des machines virtuelles, hébergées dans le *cloud*, et qui permettent de dématérialiser des processus. Quelle insoutenable légèreté !

Malheureusement, si elles existent effectivement, ces machines virtuelles ont des impacts environnementaux bien réels. En effet, chacune est une portion de serveur physique (un ordinateur), accessible au travers d'un logiciel spécifique nommé « hyperviseur ». Pour l'environnement, ces machines n'ont donc rien de virtuel. Pire, 30 % sont des « zombies » : bien qu'allumées en permanence, ces machines fonctionnent inutilement, car plus personne ne les utilise. Mais les exploitants de centres informatiques n'osent pas les arrêter de peur de subir les foudres de leurs clients.

Service numérique

Un service numérique est constitué de différents matériels et logiciels qui, une fois assemblés, permettent de réaliser un acte métier tel que « trouver l'horaire d'un train », « prendre rendez-vous chez le médecin », « consulter le solde de son compte en banque », « envoyer un courriel à un destinataire ».

Pour réduire l'empreinte environnementale du numérique à l'échelle de la planète, il est nécessaire de fabriquer moins d'équipements et de les utiliser plus longtemps. C'est pourquoi l'écoconception de service numérique est déterminante.

Smart

Aujourd'hui, tout est *smart*, intelligent, connecté et/ou autonome : les compteurs (*smart meters*), les bâtiments (*smart buildings*), les maisons (*smart homes*), les villes (*smart cities*), les réseaux de distribution (*smart grids*) d'électricité, d'eau, les objets (intelligents/connectés/autonomes) tels les voitures (autonomes), les téléphones (*smart phones*), les thermostats (connectés), les robots ménagers (connectés), les aspirateurs (connectés).

Derrière ces termes marketing se cache une seule réalité : l'électronique et le numérique envahissent notre quotidien. Cette invasion est essentiellement liée à des enjeux économiques : vendre toujours plus de « solutions » à des problèmes qui, la plupart du temps, n'existent pas ou pourraient être résolus sans ce surplus d'électronique. Avons-nous réellement besoin de trianguler la position géographique de notre smartphone pour rallumer le chauffage ? D'un robot cuiseur qui affiche la recette sur un écran plat intégré et nécessite deux fois plus de puissance informatique qu'un ordinateur pour y parvenir ? Ou bien encore d'un aspirateur qui envoie ses statistiques d'usage sur notre smartphone ?

Cette « intelligence » se paie au prix fort, notamment celui des pollutions et des autres impacts environnementaux résultant de la fabrication et de la fin de vie de ces bijoux technologiques. Par ailleurs, plus une solution est évoluée (on parle de high-tech), plus sa durée de vie est courte et son coût d'entretien élevé. L'intelligence ne serait-elle pas plutôt de reconnaître qu'on peut trouver son bonheur dans un vieux livre de cuisine et qu'un simple balai suffit ? Il semble, en outre, qu'un peu d'activité physique allonge notre durée de vie, à nous, les humains…

SMS

Simple et efficace, le SMS (*short message service*) perd peu à peu du terrain au profit des applications de messagerie instantanée telles que WhatsApp, Facebook, etc., et des outils de partage comme Instagram et Snapchat. C'est bien dommage, car le SMS est une approche low-tech par excellence. Le SMS fonctionne sur des réseaux 2G et sur des téléphones qui ont plus de 15 ans ! Ce système élémentaire d'échange de messages permet de délivrer beaucoup de valeur ajoutée sans impacter la planète. En Afrique, par exemple, l'application m-Pedigree permet de sauver des vies : grâce à l'envoi d'un simple SMS, le patient sait si le médicament qu'il utilise est contrefait ou pas et peut ainsi se soigner sans risque.

Sobriété numérique

Cette démarche consiste à utiliser le numérique dans des proportions raisonnables et uniquement lorsque c'est nécessaire. Sans se priver, il s'agit de prendre pleine conscience des impacts associés à chacun de nos usages quotidiens. Il est par exemple beaucoup plus impactant de regarder une vidéo HD de 20 minutes en 4G à 300 km/h dans le TGV que d'envoyer 10 000 mails au format texte depuis une connexion ADSL. En se rendant compte des implications de chacune de nos utilisations, il devient plus facile de les arbitrer.

L'adoption d'une posture globale de sobriété, notamment en évaluant d'un regard critique ses usages numériques quotidiens et leur nécessité réelle, est souvent plus efficace qu'une liste type de bonnes pratiques à mettre en œuvre coûte que coûte. Pour réduire son empreinte numérique, il est cependant important d'identifier les gestes simples et fonctionnels (voir page 165) adaptés à sa situation. À l'échelle individuelle, la mise en œuvre des quatre gestes clés suivants constitue une bonne base de départ :

1. Allonger la durée de vie de ses équipements.

2. Éteindre sa box et le boîtier TV le soir et dans la journée quand on quitte son logement.
3. Limiter l'usage du *cloud* au strict nécessaire, surtout en 4G.
4. Préférer la TNT à l'ADSL pour regarder une émission de télévision.

La sobriété numérique ne se limite pas aux individus et aux actions individuelles. Elle s'applique également au quotidien des organisations – entreprises privées, collectivités territoriales, administrations – et à la conception et la réalisation des services numériques. Les nombreux retours d'expérience de GreenIT.fr et du Collectif conception numérique responsable montrent qu'à service rendu équivalent il est possible de diviser l'empreinte environnementale d'un service numérique par un facteur de 2 à 700, grâce à une conception centrée sur la sobriété. La Deutsche Bahn démontre ainsi qu'elle peut délivrer l'horaire d'un train avec un site web 700 fois moins lourd que sa version standard !

Streaming (consommation à la demande)

Le streaming est une technique qui consiste à diffuser un contenu, notamment audio et vidéo, *via* l'internet, au fur et à mesure qu'il est consommé. De cette façon, l'utilisateur évite l'attente liée au téléchargement du fichier dans sa globalité avant son écoute ou son visionnage.

Cette technique a permis à une offre de vidéo à la demande (VOD) de voir le jour. Ainsi, pratiquement tous les internautes et mobinautes, pour peu qu'ils possèdent une connexion adéquate, peuvent accéder instantanément à des millions de vidéos et de fichiers audio.

Plus la qualité et la taille des images sont importantes et plus la bande passante mobilisée l'est aussi. Regarder un film en HD *via* sa box ADSL revient à télécharger environ 4 Go de données, autant qu'un DVD. Avec l'avènement des formats 4K et Ultra HD, on passe directement à 25 Go par film visionné, soit plus que tous les e-mails d'une vie !

Plutôt que supprimer ses e-mails un par un, ce qui relève de l'écologie punitive, il est donc préférable de limiter son usage de la VOD et de privilégier la TNT et l'emprunt de DVD/Blu-ray lorsque c'est possible. Sans oublier de se plonger dans les livres dont l'impact environnemental est bien plus faible, surtout s'ils sont partagés !

Télétravail

Le télétravail est souvent présenté comme une solution idéale à la fois pour réduire les émissions de gaz à effet de serre liées aux allers-retours domicile-travail et pour améliorer la qualité de vie des salariés, notamment les prisonniers des déplacements pendulaires, qui évitent ainsi des heures d'embouteillages. C'est en partie vrai. Mais en partie seulement. Le numérique permet effectivement de travailler et d'échanger à distance. De ce fait, c'est un formidable outil pour échapper à d'interminables transports professionnels.

Plus globalement, remplacer une réunion nécessitant de prendre un vol long ou moyen-courrier par un entretien à distance est généralement très efficace pour diminuer les impacts environnementaux, la fatigue, etc.

En revanche, en ce qui concerne le télétravail, tout dépend du scénario étudié. Ainsi, un salarié qui habite et travaille dans un logement mal isolé sur le plan thermique aura plus d'impacts que s'il utilise les transports en commun pour se rendre dans un bureau bien isolé et de taille réduite. Le constat est identique sur le plan social. Certaines personnes, du fait de leur psychologie et de la nature de leur travail, gagneront considérablement en qualité de vie si elles télétravaillent. D'autres, dont la psychologie et/ou la fonction ne sont pas adaptées, peuvent vivre le télétravail comme une véritable mise au placard.

Il est donc essentiel de ne pas généraliser les apports environnementaux et sociaux positifs du télétravail et d'étudier son intérêt au cas par cas.

Terres rares

Contrairement à l'idée reçue, les terres rares – qui sont en réalité des minerais – sont relativement abondantes et elles sont disponibles de façon homogène à la surface du globe. Ces minéraux sont appelés ainsi, car il faut raffiner une très grande masse de terre pour en extraire de toutes petites quantités de minerai.

Les terres rares regroupent 17 éléments organisés en deux groupes : les terres rares légères qui sont les plus abondantes (cérium, europium, gadolinium, lanthane, néodyme, praséodyme, samarium), et les terres rares lourdes qui sont moins abondantes (dysprosium, erbium, holmium, lutécium, prométhium, scandium, terbium, thulium, ytterbium, yttrium). À la différence de l'or, on ne trouve jamais de terres rares sous forme métallique dans la nature puisqu'elles sont toujours incluses dans la structure de minéraux particuliers, ce qui implique l'utilisation de techniques de séparation spécifiques, souvent onéreuses et parfois polluantes. Ainsi, pour séparer les éléments de terres rares, plusieurs phases de concentration minérale, d'attaque aux acides, de chloration, d'extraction par solvant, de précipitation sélective et de dissolution sont nécessaires. Ces opérations ont un grave impact sur l'environnement – perte de biodiversité par destruction de l'habitat, pollutions – et nécessitent une main-d'œuvre bon marché pour la phase d'extraction.

Compte tenu de ces deux contraintes, les États-Unis (qui étaient leaders mondiaux) et l'Europe ont progressivement abandonné leurs extractions locales et ont exporté leurs pollutions en Asie tout en faisant face à la croissance de la demande à moindre coût.

Moins regardante sur le coût social et environnemental, la Chine a pris le marché. Elle extrait ces ressources principalement en Mongolie intérieure où, comme le constate Guillaume Pitron dans son livre *La Guerre des métaux rares*, « aucune réglementation n'est appliquée. Les usines rejettent leurs effluents toxiques directement dans les sols. La population paie un lourd tribut avec un taux de cancer très élevé ».

Une fois raffinés, les oxydes purs sont utilisés pour fabriquer divers produits, notamment des composants électroniques pour les équipements numériques[38]. Grâce aux ressources du sous-sol mongol, la Chine a pris le contrôle de 95 % de la production mondiale de terres rares et livre aujourd'hui une véritable guerre économique au reste du monde en refusant d'exporter sa production minière brute, ce qui lui permet de concentrer l'essentiel de la fabrication mondiale de composants électroniques[39].

Les terres rares sont présentes en très faible quantité dans chaque équipement électronique. Un ordinateur, par exemple, en contient 4,5 g, une voiture 3 kg et une éolienne 1 t. Mais il y a proportionnellement bien plus d'équipements électroniques que de voitures et d'éoliennes. Cette « atomisation » engendre une forme d'entropie de ces ressources[40] : leur récupération dans les déchets d'équipements électriques et électroniques est le plus souvent techniquement impossible et/ou économiquement non viable. Une gabegie compte tenu de l'état de la planète.

Transformation numérique

La transformation numérique désigne cette lente révolution qui consiste principalement à remplacer des processus physiques par des processus informatiques. On pense, par exemple, aux opérations bancaires qui se réalisent désormais depuis un smartphone ou aux courses alimentaires qui sont dorénavant livrées à domicile après achat sur un site web.

Cette évolution est en cours depuis que l'informatique personnelle est apparue au milieu des années 1980 et a commencé à se professionnaliser. Elle s'est notablement accélérée depuis la fin des années 1990 et la généralisation des accès ADSL dans les foyers français. La transformation numérique est l'avant-dernière étape de ce que l'on nomme aujourd'hui la « digitalisation » de l'économie. Les termes sont différents, mais ils ont la même signification.

On ne dispose pas de statistiques fiables sur l'impact environnemental de cette dématérialisation d'activités physiques vers des processus numériques. La disparition progressive des agences bancaires, remplacées par des milliers de serveurs, est-elle positive pour l'environnement ? Personne ne peut l'affirmer avec certitude, car les impacts évités n'ont jamais été quantifiés. En revanche, on sait que l'empreinte environnementale directe du numérique mondial, en 2018, est de l'ordre de 4,4 % de l'énergie primaire mobilisée par l'humanité, 4,2 % des émissions anthropiques de gaz à effet de serre et d'environ 0,2 % de la consommation d'eau douce sur Terre.

WEEE

Depuis 2005, la directive européenne « *Waste of Electrical and Electronic Equipment* » (WEEE) fixe des objectifs de collecte et de retraitement des déchets d'équipements électriques et électroniques (DEEE) dans les pays membres de l'Union européenne. Elle les oblige ainsi à organiser la collecte et le retraitement des déchets nationaux en respectant des règles de base, comme l'absence de transport transfrontalier, et impose un calendrier établissant des quotas. En 2017, le taux de collecte officiel de la France était de 45,1 %, juste au niveau des objectifs de 45 % définis par Bruxelles et très loin du taux de 65 % attendu pour 2020. Ce taux ne sera d'ailleurs pas atteint, car il ne progresse plus depuis 2018. C'est logique, car on réemploie de plus en plus les équipements qui ne sont, par conséquent, pas comptabilisés par la filière DEEE. Du fait de l'absence de législation sur le réemploi, la directive WEEE pourrait bientôt se révéler contre-productive. En effet, elle mentionne que les appareils encore fonctionnels devraient être réemployés en première intention, c'est-à-dire qu'ils ne doivent pas entrer dans la filière des DEEE. De ce fait, plus un pays favorise le réemploi au détriment du recyclage, plus il s'expose au risque de ne pas remplir ses quotas de collecte de déchets, et donc de payer une amende à la Commission européenne. Pour cette raison, et afin d'assurer une meilleure traçabilité des équipements réemployés, il est urgent d'ajouter une directive réemploi ou de traiter cette pratique en détail au sein d'une mise à jour majeure de la directive WEEE.

PARTIE 2

LES GESTES POUR AGIR

Vous avez compris où se situent les principaux impacts du numérique. Vous voulez agir ? Nous vous proposons de commencer par les gestes clés, ceux dont l'effet sera le plus important et le plus durable. On gardera à l'esprit qu'il faut « fabriquer moins d'équipements et les utiliser plus longtemps (voir page 153) », ce qui sous-entend allonger leur durée de vie par différents moyens. Sans oublier d'être raisonnables dans nos usages, surtout lorsqu'ils concernent un flux multimédia : vidéo, musique…

CHAPITRE I

LES GESTES CLÉS

Ces gestes clés sont les gestes fondamentaux de la sobriété numérique. Fondamentaux, car ils sont très efficaces en termes de diminution d'impact et parce qu'ils sont simples : l'effort à fournir pour les mettre en pratique au quotidien est limité. Si vous êtes motivés pour démarrer quelque part, commencez absolument par ces gestes.

Allongez la durée de vie de vos appareils

L'allongement de la durée de vie des équipements numériques est, avec la conception responsable de services numériques, un des deux gestes clés de la sobriété numérique. Cet allongement passe par de nombreuses approches complémentaires adaptées à des publics et à des usages différents, l'important étant de ne pas tomber dans l'écologie punitive. Ainsi, un geek peut très bien changer son smartphone un an après l'avoir acheté s'il lui donne une seconde vie. Une personne moins fortunée pourra alors le réemployer, gratuitement ou pour une somme modique et, si nécessaire, le faire réparer.

Pour prolonger la durée de vie de vos appareils – smartphones, ordinateurs, tablettes, etc. – commencez par en prendre soin et évitez toutes les mises à jour évolutives proposées. N'installez que les mises à jour correctives indispensables. Une mise à jour évolutive ajoute de nouvelles fonctionnalités, souvent superflues, alors qu'une mise à jour corrective bouche une faille de sécurité ou corrige un dysfonctionnement (bug). Dans le doute, faites appel à une connaissance plus expérimentée que vous et installez toujours les mises à jour de sécurité.

Ce premier geste, facile à accomplir, impacte positivement l'environnement en allongeant significativement la durée de vie de vos équipements. Et il est immédiatement très efficace, car il vous permet de conserver les performances initiales de vos smartphones et de vos ordinateurs.

Éteignez votre box et le boîtier TV

Une box ADSL et le boîtier TV associé, s'ils sont allumés 24 h/24, consomment de 150 à 300 kWh par an, soit l'équivalent de la consommation électrique annuelle de 5 à 10 ordinateurs portables 15 pouces utilisés huit heures par jour au bureau ! Si vous éteignez votre box lorsque vous quittez votre domicile et au moment où vous allez vous coucher, vous pouvez facilement économiser de 65 à 130 kWh, soit de 8 à 16 € et de 650 à 1 300 l d'eau par an.

Simple et efficace, ce geste est positif non seulement pour préserver l'environnement, mais aussi pour faire des économies.

Limitez l'usage du *cloud*, surtout en 4G

Dès que vous vous connectez au cloud, vous effectuez d'incessants allers-retours entre lui, autrement dit les serveurs au centre de l'internet, et votre terminal. Or, le transport d'une donnée génère, en moyenne, deux fois plus d'impacts environnementaux que son stockage pendant un an. Il est donc essentiel de limiter au maximum l'usage du *cloud* et de stocker le plus possible vos données sur votre propre disque dur afin d'y accéder simplement en local.

Dans tous les cas, il faut réduire à l'extrême l'utilisation du *cloud* en 4G. Les répercussions sur l'environnement de ce mode de communication seraient, en effet, 20 fois plus importantes que celles d'une connexion ADSL/fibre. Cerise sur le gâteau, vous économiserez votre forfait 4G. Alors, pourquoi ne pas attendre d'être rentrés chez vous pour mettre en ligne vos photos du week-end, au lieu de vous connecter en 4G dans le TGV ?

Il est également très utile de vous demander si vous avez réellement besoin de tout partager avec la terre entière... Adoptez plutôt une hygiène numérique et faites le tri dans ce que vous publiez sur le web et montrez au reste du monde. Sur les 60 photos du week-end, il y a fort à parier que seule une vingtaine d'entre elles est vraiment intéressante et mérite d'être diffusée.

Dans le même esprit, certains usages multimédias associés au *cloud*, comme l'écoute des vidéos YouTube (vous avez bien lu « écoute » et non « visionnage », car de plus en plus d'utilisateurs, notamment chez les jeunes, écoutent des vidéos sans les regarder), ont des impacts considérables par rapport au service rendu, il suffit d'en prendre conscience pour en comprendre la démesure. Alors plutôt qu'écouter une vidéo, pourquoi ne pas investir quelques euros dans un abonnement à un service de streaming audio légal qui permet, en outre, de conserver une copie sur son disque dur et évite d'avoir à la télécharger à la prochaine écoute ?

Réduire l'usage du cloud *au quotidien est un geste très bénéfique pour l'environnement et relativement facile dès lors que l'on en a compris les conséquences.*

Regardez la télévision *via* la TNT et évitez l'ADSL

La vidéo en ligne représente de 60 % à 90 % du trafic internet d'un pays. En termes d'usage, l'impact du réseau internet est donc d'abord lié à celui de la vidéo : streaming, VOD (*video on demand*), télévision *via* ADSL, Netflix, etc. Regarder un film en HD *via* sa box a un impact aussi important que de fabriquer un DVD, ou un Blu-ray, avec son emballage complet, boîtier plastique et couverture papier. Il est par conséquent évident qu'il faut préférer la télévision numérique terrestre, dite TNT, pour tous les contenus diffusés en direct : on évite ainsi de rajouter des impacts inutiles de l'ADSL à ceux de la TNT qui se sont déjà produits et sur lesquels vous ne pouvez pas agir.

Pour les contenus asynchrones – qui ne sont pas diffusés en direct –, mieux vaut emprunter un DVD à la bibliothèque que de visionner le même film, ou le même documentaire, en streaming ou en VOD. Si vous ne pouvez ou ne voulez pas faire autrement, limitez autant que possible la qualité de l'image au strict nécessaire.

Mais la meilleure solution ne serait-elle pas, tout simplement, d'être moins accro au petit écran ?

Limiter la VOD, le streaming et regarder la télévision via *la TNT sont des gestes assez efficaces pour réduire son empreinte numérique. À vous de voir si vous considérez que le jeu en vaut la chandelle !*

CHAPITRE II

LES AUTRES GESTES IMPORTANTS

Une fois les gestes fondamentaux de la sobriété numérique mis en œuvre, vous pouvez agir à de nombreux autres niveaux en fonction de vos affinités et de vos envies. Voici une sélection des possibilités.

Privilégiez le réemploi des équipements d'occasion

Nous sommes face à un paradoxe qui en dit long sur les blocages psychologiques qui restent à lever. Il nous semble normal de rouler à 130 km/h dans des voitures d'occasion, alors que le danger est mortel en cas de défaillance technique. Mais nous avons peur d'utiliser un smartphone ou un ordinateur de seconde main qui n'induisent pourtant aucun risque grave. De ce fait, en refusant d'adopter massivement les appareils électroniques d'occasion, nous, les consommateurs, sommes le principal levier de l'obsolescence programmée. La bonne nouvelle, c'est qu'il ne tient qu'à nous de changer ! D'autant que, d'un point de vue économique, la réparation et le réemploi créent des emplois locaux et redonnent du pouvoir d'achat aux ménages les moins fortunés, ce qui contribue également à réduire la fracture numérique. L'économie sociale et solidaire (insertion) et l'économie adaptée (handicap) sont deux acteurs majeurs du reconditionnement ou remise en état des équipements d'occasion avant réemploi. Selon nos sources, 80 % des appareils – smartphones, écrans, ordinateurs – qui quittent une entreprise sont encore parfaitement fonctionnels. L'ordre de grandeur est un peu inférieur pour les ménages. Mais un rapport du Sénat indique que 100 millions de téléphones dorment au fond de nos tiroirs ! Il ne tient donc qu'à nous de développer le réemploi des équipements d'occasion.

Favoriser le réemploi de ses équipements et utiliser du matériel d'occasion sont des gestes faciles et efficaces à tout point de vue : environnement, économie et social.

Mutualisez : achetez moins et partagez plus

La mutualisation est une démarche très efficace pour réduire l'empreinte du numérique, car elle permet de diminuer le taux d'équipement des ménages et par conséquent le nombre d'appareils fabriqués, et ainsi la quantité de déchets électroniques générés. Devons-nous absolument posséder chacun notre propre box fibre au débit de 1 Gb/s ? Pourquoi ne pas partager nos connexions internet afin d'en réduire à la fois le coût et les impacts environnementaux et sanitaires ? Dans le même esprit, avons-nous vraiment besoin de posséder chacun notre propre imprimante ? Après tout, au bureau, les imprimantes sont mutualisées et tous les salariés partagent une seule connexion réseau sans que cela pose de problème particulier.

Il est clair que le modèle actuel, qui pousse les consommateurs à se suréquiper, n'est pas durable. Pour tendre vers une sobriété numérique heureuse, nous allons devoir apprendre à partager les ressources numériques. À l'échelle d'un immeuble, par exemple, on peut très bien imaginer que l'accès internet soit mis en commun comme le sont le réseau électrique, le chauffage, la distribution de l'eau et la collecte des eaux usées. Le service serait alors de meilleure qualité, moins impactant pour la planète et moins cher pour les bénéficiaires. Avec un peu de bonne volonté, il est également facile de s'organiser entre voisins pour partager des équipements qui ne sont utilisés qu'occasionnellement : vidéoprojecteur, console de jeux, etc.

Si la mutualisation n'est pas forcément toujours facile à mettre en place, c'est un geste très efficace, à la fois sur le plan économique et pour l'environnement. Et en plus, cela vous oblige à vous faire de nouveaux amis !

Réparez ce qui peut l'être

Lorsqu'ils quittent un foyer ou une entreprise, la majorité des appareils électroniques sont encore fonctionnels. Et, quand ce n'est pas le cas, ils sont le plus souvent réparables. La réparation est un geste fondamental pour glisser vers une plus grande sobriété numérique. En allongeant la durée de vie des équipements, elle permet, d'une part, de réduire la quantité d'articles à fabriquer, qui consomment des ressources, génèrent des pollutions et constituent de futurs déchets toxiques ; d'autre part, elle donne plus de temps à la filière recyclage pour se mettre en place. De surcroît, elle crée des emplois en France tout en offrant du pouvoir d'achat aux consommateurs les moins fortunés en luttant contre la fracture numérique.

Plusieurs organisations non gouvernementales et divers acteurs économiques, tels qu'iFixIt et SOSav, mais aussi FnacDarty, évaluent les produits électroniques et proposent un indice de réparabilité. Par ailleurs, dès le 1er janvier 2020, un indice idoine, mais officiel celui-là, accompagnera les ordinateurs portables et les smartphones neufs mis à la vente. Il permettra au consommateur de faire ses achats en connaissance de cause.

La réparation est un geste efficace, économique et bénéfique du point de vue de l'environnement ; elle est relativement facile à mettre en place.

Sautez certaines mises à jour de votre système d'exploitation

Les mises à jour logicielles sont parmi les principaux déclencheurs de l'obsolescence des terminaux : smartphones, tablettes et ordinateurs. Deux mécanismes, diamétralement opposés, mais complémentaires, y contribuent.

En l'absence de mise à jour, des failles de sécurité et des dysfonctionnements (les bugs) apparaissent et nous poussent à changer d'équipement. Il faut donc s'assurer que le système d'exploitation (Windows, macOS, Linux, Android, iOS, etc.) sera maintenu longtemps.

À l'inverse, des mises à jour trop fréquentes et/ou trop lourdes encrassent progressivement nos ordinateurs et nos smartphones et participent significativement à leur ralentissement. Il faut donc éviter les mises à jour systématiques et, si possible, n'appliquer que celles qui sont correctives. Moins on installe de mises à jour évolutives, moins on s'expose au phénomène d'obésiciel. Dans le doute ou, si vous ne savez pas les distinguer, faites appel à une connaissance plus expérimentée. Vous pouvez aussi soutenir GreenIT.fr et HOP//Halte à l'obsolescence programmée qui demandent aux pouvoirs publics de légiférer pour imposer aux éditeurs de logiciels une distinction claire entre mises à jour évolutives et mises à jour correctives (voir page 191).

Ne pas mettre à jour systématiquement son système d'exploitation est un geste efficace, bénéfique pour l'environnement et assez facile à appliquer. Il faut cependant bien veiller à installer les mises à jour de sécurité.

Changez d'électricité

Si leur fabrication reste la principale source d'impact de nos terminaux numériques, leur utilisation consomme une électricité dont les répercussions varient en fonction de l'énergie primaire qui est à son origine. Ainsi, on retrouve environ 4 l d'eau perdue dans 1 kWh nucléaire contre 0 l dans 1 kWh hydraulique courant (barrage sur un fleuve).

Il est très facile de choisir un fournisseur qui distribue une électricité réellement issue d'énergie renouvelable en se tournant, par exemple, vers Enercoop. Ce dernier est l'un des rares fournisseurs du marché à acheter de l'électricité produite exclusivement à partir d'une énergie primaire renouvelable. Vous avez donc la certitude que l'électricité qui vous est vendue ne provient pas de centrales nucléaires ou à gaz. À l'échelle d'un quartier ou d'un village, il est aussi possible de s'adresser à des intermédiaires tels que WattValue qui peuvent élaborer un contrat d'achat direct entre consommateurs et producteur *via* le système de *power purchase agreement*. Compte tenu des enjeux, le surcoût est dérisoire. N'oubliez pas que toutes les énergies renouvelables ne se valent pas en matière de performance énergétique et qu'il faut privilégier au maximum l'hydraulique courant.

Changer d'électricité est bénéfique pour l'environnement, c'est un geste efficace et facile à mettre en œuvre. Reste à s'en donner les moyens (financiers).

Remplacez votre écran géant par un vidéoprojecteur

En l'état actuel de nos connaissances, parmi tous les appareils numériques de la maison, l'écran géant qui trône fièrement au milieu du salon... est la pire abomination environnementale. Si l'on y associe les boîtiers TV, ces télévisions concentrent près de 20 % de l'impact environnemental du numérique mondial en 2018[1]. À diagonale d'image égale la fabrication d'un vidéoprojecteur impacte de 12 à 35 fois moins la planète (selon l'indicateur environnemental observé) pour une consommation électrique presque identique sur la phase d'utilisation.

Remplacer son écran géant par un vidéoprojecteur est franchement bénéfique pour l'environnement, c'est un geste très efficace et facile à réaliser.

Déconnectez-vous des écrans de télévision

Chaque jour, un Français regarde la télévision en HD pendant quatre heures en moyenne, dont 56 % *via* l'ADSL[41]. Or, visionner un film à la télévision en passant par la box génère autour de 300 g équivalents CO_2 en cycle de vie complet, soit environ 220 kg de gaz à effet de serre (GES) à l'échelle d'une année. Pour être sobre, le plus efficace est donc de faire quelques poses télévisuelles (plutôt que tenter d'économiser 30 g de GES en supprimant 25 000 e-mails). On peut aussi privilégier la lecture, le cinéma, une soirée entre amis et toute autre activité qui crée du lien. À défaut, préférez la TNT.

Se décoller de la télévision est évidemment bon pour l'environnement, c'est un geste relativement efficace, mais, il faut bien l'avouer, parfois difficile à accomplir pour certains accros du petit écran !

CHAPITRE III

LES FAUSSES BONNES IDÉES

De nombreuses contre-vérités et données quantitativement disproportionnées, par rapport aux effets réels de certains gestes, circulent dans les médias et sur le web. Pour tendre vers une plus grande sobriété numérique, il est par conséquent indispensable de trier l'ivraie du bon grain, notamment pour se concentrer sur des gestes dont les effets sont réels. Voici donc une sélection de gestes à mettre aux oubliettes, non pas qu'ils soient mauvais pour l'environnement, mais parce qu'ils sont peu ou pas efficaces.

Supprimer vos e-mails

Supprimer ses e-mails du serveur et/ou de son terminal ne fait pas de mal. Mais c'est très peu efficace. D'une part, les courriels ne représentent qu'une toute petite proportion des données numériques transportées et stockées. D'autre part, dans 50 ans, on en sera toujours à effacer des e-mails si l'on ne s'attaque pas à la cause, en priorité, et si l'on ne traite que les conséquences.

Toutes les analyses de cycle de vie montrent que les impacts se concentrent essentiellement lors de l'écriture et de la lecture d'un courriel, puis de son transport (surtout en 4G) et, en dernier lieu, pendant son stockage. Par exemple, il faut en moyenne deux fois plus d'énergie pour expédier un e-mail que pour le stocker pendant un an. Avant de supprimer vos e-mails – ce qui est long et fastidieux –, supprimez plutôt les gros fichiers (vidéos, jeux, logiciels, photos, etc.). Pour rappel, un message électronique sans pièce attachée pèse entre 10 et 100 Ko (selon qu'il soit au format texte ou HTML) alors qu'un film de bonne qualité pèse entre 1 et 2 Go, soit l'équivalent de 10 000 e-mails. Si vous souhaitez supprimer des fichiers, autant éliminer directement les plus lourds ! Surtout, pour réduire les impacts environnementaux de ses e-mails, il faut en envoyer moins. Ce qui tombe bien, car, au travail, les courriels constituent l'une des principales causes de stress d'un cadre. Certains s'épuisent littéralement à traiter un flot continu toujours plus important pouvant compter plus de 100 messages « utiles » par jour hors spams et bulletins d'information. En résumé, moins vous envoyez d'e-mails, moins vous impactez la planète et plus vous préservez la tranquillité de vos collègues. La méthode est simple : réfléchissez avant d'agir. Par exemple, choisissez des plages horaires quotidiennes fixes pendant lesquelles vous traiterez votre courrier électronique, et définissez d'autres plages horaires, voire des jours entiers, sans accès à votre messagerie. Cela vous amènera à vous concentrer uniquement sur l'envoi des messages les plus prioritaires et sur des contenus synthétiques, centrés sur l'essentiel.

Utiliser les favoris

Certes, utiliser des favoris, au lieu de saisir directement dans la barre d'adresse de votre navigateur le nom du site web que vous souhaitez consulter, contribue à réduire votre empreinte numérique en économisant une recherche sur un moteur, Google le plus souvent. Mais, comme la suppression des e-mails, cette contribution est ridiculement faible comparée aux autres gestes détaillés plus haut. Alors, concentrez donc vos efforts ailleurs : allongez la durée de vie de votre smartphone, éteignez votre box quand vous quittez votre domicile, cessez de regarder la télévision en ADSL, arrêtez de visionner des flux vidéo en 4G.

Changer de navigateur

Il est inutile de changer de navigateur pour réduire votre empreinte environnementale. En effet, à ce jour, tous les navigateurs consomment globalement la même quantité de ressources informatiques, mémoire vive, notamment. Et leur consommation électrique, qui n'est effective que lors du calcul et de l'affichage de la page, reste un détail, comparée à la consommation électrique nominale du terminal, du smartphone ou de l'ordinateur, pendant tout le temps de lecture à l'écran ou d'écriture d'un message. Faire croire aux internautes qu'ils doivent changer de navigateur pour sauvegarder la planète relève donc de l'écologie punitive !

Utiliser un moteur de recherche « écolo »

Contrairement à une idée très répandue, il n'existe pas de moteur de recherche « écolo ». C'est du pur *greenwashing*. En effet, ces moteurs dits « écolos » ne sont pas des moteurs, mais de simples habillages des résultats de recherche de Google, Yahoo ou Bing. Or, cet habillage nécessite d'ajouter des serveurs supplémentaires devant les précédents. Les moteurs de recherche « écolos » n'enlèvent donc pas des impacts, ils en ajoutent ! Le fait qu'ils compensent les émissions de gaz à effet de serre (GES) de leurs serveurs en plantant des arbres n'est pas suffisant pour revendiquer une meilleure performance environnementale, car les nombreux impacts additionnels ne peuvent être contrebalancés. C'est le cas de l'épuisement des ressources abiotiques, de l'acidification du sol et de l'eau, de l'eutrophisation de l'eau, et de beaucoup d'autres.

Par ailleurs, le gros des impacts d'une recherche a lieu du côté de l'internaute. Des impacts que ces

« moteurs » ne compensent pas. En revanche, rien ne vous empêche de capturer toutes vos émissions annuelles de GES (de 8 t à 12 t par Français) une bonne fois pour toutes. Il suffit pour cela de financer directement des projets de compensation pilotés par des organisations non gouvernementales !

CHAPITRE IV

S'ENGAGER ET MILITER

Agir au quotidien, à la maison et dans sa vie privée, c'est déjà un bon début. Si vous vous sentez une âme militante, vous pouvez faire encore plus en poussant votre entreprise et les pouvoirs publics à agir. Tous les gestes militants ci-dessous sont essentiels pour changer le système de l'intérieur et glisser ainsi vers un univers numérique plus enviable. Pour les mettre en œuvre, pour pousser les pouvoirs publics, les entreprises, etc. à agir, nous avons besoin de vous !

Inciter les entreprises à écoconcevoir leurs services numériques

Plusieurs retours d'expérience récents montrent qu'il est possible de diviser par 100 l'empreinte du numérique mondial en « écoconcevant » les services numériques des entreprises. Il s'agit essentiellement d'imaginer des services en ligne plus sobres et plus légers, reposant sur des technologies universelles et low-tech capables de fonctionner sur d'anciens appareils électroniques.

En Afrique, par exemple, l'application m-Pedigree sauve des centaines de vies tous les jours grâce à un simple échange de SMS : l'utilisateur envoie le numéro inscrit sur l'emballage de sa boîte de médicament et il reçoit une réponse immédiate l'informant qu'il s'agit d'un médicament ou d'une contrefaçon. Inversement, en France, il faut deux millions d'octets, soit 15 000 fois plus, pour afficher simplement la page d'accueil d'un site permettant de prendre rendez-vous chez un médecin… Demandez aux dirigeants de votre entreprise qui sera, selon eux, le Google de demain ? La firme qui sauve des vies avec un simple SMS ou celle qui a besoin de 15 000 fois plus de puissance pour prendre un rendez-vous ?

L'écoconception d'un service numérique consiste à dépouiller celui-ci du superflu, tant fonctionnel que technique, pour ne garder que l'essentiel. On peut ainsi remplacer un site web complet par un simple texto ! Dans sa forme la plus radicale, cette démarche tend vers la low-tech. Elle est de ce fait très innovante. En fin de compte, c'est ce type d'innovation qui positionnera votre entreprise parmi les leaders de son domaine tout en construisant un monde meilleur pour nos enfants.

Favoriser le réemploi des équipements

Les parcs d'équipements des entreprises sont constitués de matériels professionnels dont l'espérance de vie est bien plus élevée que celle des équipements grand public, souvent moins chers, de moins bonne qualité et moins facilement réparables.

D'autre part, la taille de ces parcs d'entreprises permet aux reconditionneurs d'industrialiser le contrôle et la remise en état de lots homogènes de matériels, ce qui réduit considérablement le coût de l'opération. Enfin, ce sont souvent des acteurs de l'économie sociale et solidaire (ESS) et/ou de l'économie adaptée (handicap) (EA) qui reconditionnent les smartphones ou les ordinateurs des entreprises.

Comme 80 % des équipements qui quittent une entreprise sont parfaitement fonctionnels, il est essentiel de pousser votre employeur à s'engager dans une démarche de réemploi, si possible avec un acteur de l'ESS ou de l'EA.

Ajouter la sobriété numérique dans les formations

Trop souvent, nous laissons croire à nos enfants que la technologie est capable de venir à bout de tous les enjeux majeurs de la société. Nous créons ainsi une illusion qui ne leur permet pas de penser un avenir viable. C'est criminel. La technologie et le numérique ne sont que des outils au service d'un projet de société. Le numérique est un *pharmakon*, c'est-à-dire un remède qui a de nombreux effets secondaires indésirables, lesquels peuvent être pires sur le long terme que les bénéfices à court terme. Il est donc urgent et indispensable d'aider nos enfants à adopter une forme d'hygiène numérique et de leur montrer comment prendre du recul par rapport à cet outil. C'est pourquoi, en mars 2018, la communauté du numérique responsable, représentée par GreenIT.fr et d'autres acteurs tels que le WWF France, l'Institut du développement durable et des relations internationales (Iddri) et la Fondation internet nouvelle génération (Fing), a demandé aux pouvoirs publics d'inscrire le numérique responsable dans les programmes scolaires et dans les formations certifiées par l'État, et de fournir aux enseignants des kits pédagogiques pour les aider dans leur mission d'éducation.

Vous pouvez, vous aussi, pousser l'Éducation nationale à faire ce pas en écrivant à votre député, aux ministres et aux secrétaires d'État responsables de ce dossier. Et il ne tient qu'à vous de transmettre les messages de ce livre à vos enfants.

Imposer aux éditeurs de logiciels une dissociation claire entre mises à jour correctives et mises à jour évolutives

Si vous en avez assez que votre smartphone, votre tablette et/ou votre ordinateur rament au bout de trois ou quatre ans, lisez ce qui suit...

Les mises à jour logicielles sont de deux natures : correctives et évolutives. Les mises à jour correctives comblent des failles de sécurité et réparent des dysfonctionnements (les bugs). Elles sont indispensables et n'encrassent généralement pas le système d'exploitation.

À l'opposé, les mises à jour évolutives modifient les fonctionnalités existantes et/ou en ajoutent de nouvelles. Elles changent ainsi la nature du logiciel que vous avez acquis, sans votre consentement explicite. Comme elles sont lourdes, elles ralentissent vos terminaux et engorgent le disque dur ou l'espace de stockage.

Il est donc urgent que les pouvoirs publics, en France et en Europe, imposent aux éditeurs de logiciels une distinction claire entre ces deux types de mises à jour. Les mises à jour évolutives devraient être clairement identifiées et n'être installées qu'après le consentement explicite et systématique des utilisateurs. Ce faisant, les pouvoirs publics contribueraient efficacement à réduire les impacts du numérique et à redonner du pouvoir d'achat aux ménages en leur permettant d'allonger la durée de vie de leurs équipements numériques.

N'hésitez pas à vous renseigner auprès de GreenIT.fr et HOP // Halte à l'obsolescence programmée qui portent cette action en France.

Rendre obligatoire l'écoconception des services numériques publics

L'État a le devoir de montrer l'exemple et de tirer la nation tout entière vers le haut. C'est pourquoi il devrait rendre obligatoire, *via* la commande publique notamment, l'écoconception des principaux services numériques destinés aux citoyens. C'est déjà le cas en matière d'accessibilité numérique, mais rien n'est fait à l'heure actuelle en ce qui concerne la préservation de l'environnement. S'il exigeait l'écoconception de ses services numériques, l'État pourrait démontrer au plus grand nombre l'intérêt économique, social et environnemental de la sobriété numérique et accélérer de ce fait l'adoption de ces pratiques par le plus grand nombre.

Par ailleurs, une conception sobre réduit la fracture numérique, ce qui améliore le service rendu aux citoyens qui en sont le plus éloignés. La France est constituée de nombreux territoires inégalement raccordés au réseau. Tout le monde n'a pas encore la fibre, une connexion ADSL véloce ou la 4G. Proposer des services publics sobres permet de s'assurer que tous les usagers, même ceux qui se connectent en 3G, depuis le fin fond de leur campagne ou à l'aide d'un smartphone âgé de six ans, pourront effectivement bénéficier du même service que des personnes mieux loties, par exemple, en plein cœur de Paris.

INDEX

Les entrées en gras font l'objet d'une notice

3G : 30, 131, 193
3P : 29, 70
4G : **29**, 48, 118, 131, 155, 169
4R : 30
5G : 30, 131
Accessibilité numérique : 31, 47, 54, 108, 192
Acide chlorhydrique : 122
Acidification : 34, 39, 87, 103, 106, 184
ActionAid : 136,
Addiction : 18, 63, 80
ADSL : 29, **33**, 94, 123, 141, 155
Afrique : 58, 118, 121, 127, 142, 154, 188
Amazon : 76, 152
Analyse de cycle de vie (ACV) : 29, 35, 76, 107, 113, 182
Android : 96, 177
Anthropocène : 17
Apache : 52
Apple : 46, 97, 130, 136, 152
Argent : 46, 59, 144
Asie : 58, 65, 121, 160
Barrage hydroélectrique : 85, 87, 89, 91, 178
Batteries : **36**, 41, 68, 96, 129, 147
Bilan énergétique : 55
Bio : 61
Biodiversité : 35, **38**, 87, 126, 144, 159
Bitcoin : **40**
Blockchain : 40
Bluetooth : 93
Box : 94, 123, 156, 168, 174, 180
Bug : 138, 168, 177, 191
Burn out : 18
Cancer, cancérigène : 20, 110, 118, 131, 160,
Carbone : **41**, 103, 143
Carte mère : 68
Cellule photovoltaïque : 89, 91
Centrale nucléaire : 71, 86, 91, 178,
Certification : **43**, 105
Changement climatique : 13, 34, 39, **45**
Chien : 111, 118, 128
China Labour Watch : 136
Chine : 17, **45**, 95, 136, 160,
Circuit de la récompense : 18, 63, 80

Civic tech : **46**, 113,
Cloud : 22, **48**, 152, 156, 169
CO_2 : 41, 43
Cobalt : 37, 120
Collectif conception numérique responsable : 44, 140, 146, 156, 193
Coltan : 21, **49**, 121, 136, 148
Communs numériques : **51**, 79, 139
Conception responsable de services numériques : 44, **53**, 94, 126, 167
Conflict Free Mineral Act : 121
Conflict Minerals Regulation : 121
Connexion : 30, 48, 155, 157, 169, 175, 192
Console de jeux : 16, 58, 93, 175
Consommation énergétique : **54**, 107, 114, 168, 179, 183
Corruption : 127
Courriel : 18, 22, 35, 141, 153, 181
Covoiturage : 139
Cryptomonnaie : 40, 139
Cuivre : 30, 33, 46, 59, 84, 120, 144
Cyanure : 122
Cycle de vie : 39, 55, 72, 75, 180
Data center : 56
Décharge : 58, 111, 122, 142,
Déchets d'équipements électriques et électroniques (DEEE) : 46, **57**, 122, 144, 161, 162
Décroissance : 27, **60**, 116
Dématérialisation : **61**, 81, 103, 161
Démocratie : 46
Dépendance numérique : **63**, 66, 80
Dérèglement climatique : 21, 45, **64**, 107
Designers éthiques : 94, 147
Digital : **65**
Digital detox : 64, **66**
Digital natives : 18, **67**
Dioxyde de carbone (CO_2) : 41, 143
Disque dur : 48, 56, 169, 170, 191
DIY : **67**, 97, 147
Dopamine : 18, 63, 80
Durabilité : **69**
DVD : 62, 157, 171,
Eau : 34, 39, 51, **71**, 85, 106, 126
Eau bleue : 71
Eau perdue : 178
Écoconception de service numérique : **72**, 74, 112, 153, 188, **192**
Ecodesign : **74**, 131
Écolabel : **75**, 116
Ecologic : 143
E-commerce : **76**
Économie adaptée (EA) : 54, 174, 189
Économie circulaire : 37, **78**, 130
Économie collaborative : 63, **79**, 139
Économie de l'attention : 63, **80**, 149
Économie sociale et solidaire (ESS) : 54, 174, 189
Éco-systèmes : 143
Écran : 34, 57, 68, 80, 129, **179**
Éducation : 67, 98, 100, 126, **190**

Effet cocktail : 132
Effet rebond : 72, **81**
Effondrement : 22, 69, **82**, 118, 144, 148, 150
Électricité : 35, 36, 54, **84**, 91, 178
Électricité verte : **87**, 178
Electronics Watch : 136
Éléments de terres rares : 159
E-mail : 99, 117, 141, 157, 180, **181**
Emploi : 116, 136, 145, 174, 176
Empreinte eau : 72
Empreinte numérique : 86, 87, **88**, 136, 155, 171
Enercoop : 178
Énergie : 54, **89**, 106, 114, 123, 182
Énergie finale : 35
Énergie fossile : 42, 82, 86, 91, 92, 128
Énergie grise : 55, **90**, 123
Énergie primaire : 16, 35, 84, 87, 88, 162
Énergie renouvelable : 42, 87, **90**, 123, 178
Enfants soldats : 50
Entreprise : 44, 102, 116, 136, 146, **187**
Éolienne : 160
Épuisement des ressources : 62, 82, 91, **92**, 103, 184
Équipement : 31, 34, **93**, 96, 129, 173
Eric Raymond : 133
Esclavage : 50
Étain : 120, 121
État : 190, 192
Éthique : 47, 54, 60, **94**, 121, 147
Eutrophisation : 34, 39, 87, 103, 106, 184
Exclusion : 31, 47, 108
Facteur 4 : 24, **95**
Fairphone : 59, **96**, 121, 137
Fake news : 19, 94, **97**, 109, 149
Favoris : 99, 183
Fibre : 29, 94, 132, 169, 175, 192
Filaire (réseau/technologie/...) : 29, 48
Film : 62, 109, 141, 157, 171, 180
Fonctionnalité : 73, 79, 125, 168, 191
Fondation internet nouvelle génération (Fing) : 190
Formation : 44, 69, 70, 105, 123, 139, **189**
Forum de discussion : 69
Fracture numérique : 32, **99**, 104, 108, 174, 192
Free cooling : 57
Free Software Foundation : 133
GAFAM : 152
Gallium : 120
Gaz à effet de serre (GES) : 34, **41**, 45, 64, 83, 88, 107, 114
Geek : 114, 147, 167
Ghana : 46, 142
GIEC : 24, 42, 83, 95, **100**, 143
Good Electronics : 136
Graphite : 37
Green IT, Club Green IT : 44, **101**, 116, 136, 146
Greenpeace : 135
Greenwashing : **102**, 113, 184
Handicap : 31, 54, 100, 108, 146,

Hauts-fourneaux : 39, 122
High-tech : 61, 111, 118, 154
HOP // Halte à l'obsolescence programmée : 130, 135, 177, 192
Hypercompétitivité : 138
iFixIt : 68, 137, 176
Illectronisme : 104
Impacts environnementaux : 31, 33, 72, 83, **106**, 112
Imprimante : 75, 135, 175
Indium : 120
Inégalités et injustices : 107
Infobésité : 19, 80, **109**
Instagram : 109, 154
Intelligence artificielle : **110**, 118
Internaute : 16, 97, 149, 157, 184
Internet : 33, 48, 52, 56, 104, **112**
IT for green : **112**
Jeûne numérique : 66
Jeu vidéo : 18, 35, 58
Jugaad : 117
Kaya (équation de) : 81, **114**
Kdog : 111, 118
Label : 75, 146
Label numérique responsable : 116
Linux : 52, 133, 177
Lithium : 37
Logiciel : 68, 79, 125, 133, 182, 191
Loi Dodd-Frank : 51
Low-tech : 22, 61, 111, **117**, 188
m-Pedigree : 118, 127, 155, 188
Mail : 22, 117, 125, 141, 181
Main-d'œuvre : 46, 159
Manganèse : 37
Matières premières : 17, 31, 34, 144, 151
Mercure : 39, 59, 120, 142,
Méthanisation : 87, 91
Militantisme : 137, **187**
Minerai : 35, 37, 45, 106, **120**, 141
Minerai des conflits : 21, 49, 93, **121**, 148
Mine urbaine : 122
MIPS : 151
Mise à jour : 74, 96, 130, 163, 168, 177
Mission Apollo : 22, 117
Mobilité : 48
Modularité : 97
Mongolie : 160
MOOC : 20
Moteur de recherche : 184
Mutualisation : 63, **174**
Nappe phréatique : 40, 59, 142
Nasa : 24, 117
Navigateur : 56, 99, **183**
Négawatt : 87, **123**
Netflix : 109, 171
Nickel : 120
Nigeria : 46, 127
Niobium : 49
Numérique : 124
Numérique responsable : 43, 70, 83, 116, 140, 190
Obésiciel : 60, 110, **125**, 177
Objectifs de développement durable (ODD) :29, 95, 96, 102, 111, **126**, 146
Objets connectés : 16, 93, 112, **128**, 138
Obsolescence programmée : 126, **129**, 135, 145, 148, 173
Océan : 101, 143

Ondes électromagnétiques : 30, **131**
Open hardware : 68, 129, 133, 137, 150
Open source : 53, 79, 129, **133**, 137, 150,
Or : 120, 121, 122, 140, 144
Ordinateur : 34, 42, 58, 117, 130, 151, 167
Organisations non gouvernementales (ONG) : 102, **135**, 140, 176, 185
Ouverture : 47, 52, 69, 129, 133, **137**
Paradoxe de Jevons (effet rebond) : 81
Partage : 51, 69, 79, **138**, 174
Pays du Sud : 58, 108, 115, 118, 121
Pays riches : 108, 115
PDF : 61, 124
Pédagogie : **139**
Permaculture : 61
Pleine conscience numérique : **140**, 155
Plomb : 59, 142
Politique : 21, 46, **114**, 136
Polluant organique persistant (POP) : 59, 106, 142
Pollution : 58, 128, **141**, 154, 159
Potentiel de réchauffement global (PRG) : 42
Principe de précaution : 132
Privatisation : 52
Produit intérieur brut (PIB) : 38, 114
Programmation : 137
Programme scolaire : 140, 190
Protocole de Kyoto : 96, 107
Puces RFID (radio-identification) : 128
QI, Quotient intellectuel : 17
Rapport Brundtland : 69
Rapport Meadows : 83
Réchauffement global : 41, 64, 73, 101, 106, **143**,
Recyclage : 78, 120, 122, 142, **144**, 176
Réemploi : 59, 120, **145**, 162, **173**, **189**
Référentiel : 116, **146**
Repair cafés : 67, 147
Réparabilité : 74, 130, 147, 176
Réparation : 59, 67, 97, 117, 120, **147**, **176**
République démocratique du Congo (RDC) : 21, 50, 121, 136, **148**
Réseaux sociaux : 35, 80, 96, **149**
Résilience : 22, 84, 119, 138, **150**
Ressources abiotiques : 34, 62, 73, 82, 120, 184
Révolution numérique : 20
Robot : 128, 153
Rocky Mountain Institute : 95, 123
Sac à dos écologique : 92, 151
Serveur : 34, 43, 48, 56, 112, 184
Serveur virtuel : **152**,
Service numérique : 33, 44, 80, **152**, 156
Smart : **153**,
Smartphone : 41, 55, 58, 63, 96, 130
SMS : 19, 32, 118, 127, **154**, 188
Snapchat : 109, 154
Sobriété numérique : 116, 124, 127, 139, **155**, **167**
Standardisation : 52, 119

Standards internationaux : 103
Stockage : 56, 58, 94, 119, 125, 169
Streaming (consommation à la demande) : 48, 62, **156**, 170, 171
Stress : 17, 140, 182
Tablette : 58, 93, 132, 168, 191
Tantale : 49, 59, 120, 121
Tech for good : 113
Téléphone mobile : 32, 123, 151
Télétravail : **157**
Télévision, TV : 42, 93, 112, 119, 156, **171**
Terres rares : 106, 120, 122, 144, **159**
TNT (télévision numérique terrestre) : 119, 131, 156, 157, **171**, 180
Trafic : 58, 142
Transformation numérique : 20, 161
Troubles de la concentration : 80
Tungstène : 120, 121
Tweet : 109
Uranium : 85, 89, 91
Vidéo : 109, 117, 149, 155, 156, 170
Vidéoprojecteur : 175, **179**
VOD : 157, 171
WEEE : 145, **162**
Web : 44, 52, 97, 109, 135, 152,
Wifi : 29, 131
Windows : 79, 125, 134, 177
Yahoo : 104, 184
YouTube : 109, 170
Zombies : 152

RÉFÉRENCES

1. BORDAGE F. *et al.*, « Empreinte environnementale du numérique mondial », *GreenIT.fr*, 2019, www.greenit.fr
2. ARTHAUT R., « La consommation des ménages en TIC depuis 45 ans », *Insee Première*, n° 1101, 2006, insee.fr
3. BRATSBERG B. & ROGEBERG O., « Flynn effect and its reversal are both environmentally caused », *PNAS*, 115 (26) : 6674-6678, 2018, www.pnas.org
4. ROBINE J.-M. & CAMBOIS E., « Estimation de l'espérance de vie sans incapacité en France en 2015 et évolution depuis 2004 : impact de la diminution de l'espérance de vie en 2015 », *Bulletin épidémiologique hebdomadaire*, (16-17) : 294-300, 2017, invs.santepubliquefrance.fr
5. WE ARE SOCIAL, « Global digital report 2018 », digital-report.wearesocial.com
6. PRENSKY M., « Digital Natives, Digital Immigrants », *On the Horizon*, NCB University Press, vol. 9, n° 5, 2001, s3.amazonaws.com
7. MEADOWS D.H., MEADOWS D.L., RANDERS J. & BEHRENS III W.W., *The Limits to Growth*, Universe Books, 1972, www.clubofrome.org
8. HUANG J., QIAN F., GERBER A., MAO Z.M., SEN S. & SPATSCHECK O., « A close examination of performance

and power characteristics of 4G LTE Networks », *Proceedings of the 10th international conference on Mobile systems, applications, and services* : 225-238, 2012, dl.acm.org

9. ORGANISATION INTERNATIONALE DE NORMALISATION (ISO), « ISO 14044 : Management environnemental – Analyse du cycle de vie – Exigences et lignes directrices », 2006, www.iso.org
10. STERN N., *The Economics of Climate Change*, Cambridge University Press, 2007, www.cambridge.org
    SUKHDEV P., « The economics of ecosystems and biodiversity », *An Interim Report*, European Commission, 2008, ec.europa.eu
    CHEVASSUS-AU-LOUIS B., SALLES J.-M. & PUJOL J.-L., « Approche économique de la biodiversité et des services liés aux écosystèmes – Contribution à la décision publique », *La Documentation française*, 2009, www.ladocumentationfrancaise.fr
11. BORDAGE F., « Apple fait, indirectement, travailler des enfants », *GreenIT.fr*, 2012, www.greenit.fr
12. BEAUGENDRE D., « Pour une poignée de coltan », *Association pour l'e-Développement (AEDEV)*, 2004, www.aedev.org
13. BORDAGE F. & CHAUSSAT J.-C., « Du Green IT au numérique responsable : lexique des termes de référence », *Club Green IT*, 2018, www.greenit.fr
14. INTERNATIONAL TELECOM UNION (ITU), « Global e-waste monitor 2017 », 2017, www.itu.int
15. DELOITTE, « Les Français et le smartphone en 2016 : une relation fusionnelle », 2016, www2.deloitte.com
16. BORDAGE F., « Pratique : construisez un compteur EDF intelligent », *GreenIT.fr*, 2008, www.greenit.fr

17. Bordage F., « Des minitels vieux de 25 ans tweetent sur internet ! », *GreenIT.fr*, 2013, www.greenit.fr
18. Brundtland G.H., « Notre avenir à tous », *Commission mondiale sur l'environnement et le développement de l'Organisation des Nations unies*, 1987, www.diplomatie.gouv.fr
19. Organisation internationale de normalisation (ISO), « ISO 14062 : Management environnemental – Intégration des aspects environnementaux dans la conception et le développement de produit », 2002, www.iso.org
20. Braungart M. & McDonough W., *Cradle to Cradle : Remaking the Way We Make Things*, Rodale Press, 2003.
21. Réseau de transport d'électricité (RTE), « Production d'électricité par filière », *Eco2Mix*, 2019, www.rte-france.com
22. EDF, « Le thermique à flamme en chiffres », 2019, www.edf.fr
23. Trudu O., Pontal A. & Bordage F., « Quelle démarche Green IT pour les grandes entreprises françaises ? », *WWF France & Club Green IT*, 2018, www.wwf.fr
24. Observatoire climat-énergie, « Émissions globales de gaz à effet de serre (GES) en France », 2019, www.observatoire-climat-energie.fr
25. CSA & Syndicat de la presse sociale, « "L'illectronisme" en France », 2018, csa.eu
26. Institut Curie, « Des chiens dépisteurs de cancer », 2017, kdog.curie.fr
27. Koetsier J., « Data deluge : what people do on the internet, every minute of every day », 2017, www.inc.com
28. Commission européenne, « Critical raw materials », 2015, ec.europa.eu

Drezet É., « Des matériaux critiques pour l'Union européenne », CNRS, 2016, ecoinfo.cnrs.fr
29. US Securities and exchange commission, « Disclosing the use of conflict minerals », 2017, www.sec.gov
30. Commission européenne, « Conflict minerals : The regulation explained », 2018, ec.europa.eu
31. Bordage F. & Lohier F., « Logiciel : la clé de l'obsolescence programmée du matériel informatique », *GreenIT.fr*, 2010, www.greenit.fr
32. Bordage F., *Éco-conception web : les 115 bonnes pratiques*, Eyrolles, 2015.
33. Nations unies, « 17 objectifs pour transformer notre monde », 2015, www.un.org
34. Electromagnetic Health Blog, « WHO/IARC classifies radiofrequency electromagnetic fields as possibly carcinogenic to humans », 2011, electromagnetichealth.org
35. 5G Appeal, « Scientists warn of potential serious health effects of 5G », *Environmental Health Trust*, 2017, ehtrust.org
36. Iddri, Fing, WWF France, GreenIT.fr & CNNum, *Livre blanc Numérique et Environnement*, 2018, www.greenit.fr
37. Autissier I., Bardeau F., Bordage F. *et al.*, « L'éco-conception des services numériques comme filière d'excellence », *Les Échos*, 2019, business.lesechos.fr
38. gouvernement du Québec, « Terres rares : propriétés, usages et types de gisement », *ministère de l'Énergie et des Ressources naturelles*, 2013, mern.gouv.qc.ca
39. Pitron G., *La Guerre des métaux rares*, Les liens qui libèrent, 2018.
40. Bihouix P., *L'Âge des low-tech*, Seuil, 2014.

41. Lefilliâtre J., « Les Français regardent toujours la télé près de quatre heures par jour », d'après Médiamétrie, décembre 2016, *Libération*, 2017, www.liberation.fr

Merci à Valérie et à Sandrine d'avoir su guider ce projet vers sa forme définitive et de m'avoir accompagné tout au long des innombrables allers-retours nécessaires à son aboutissement. Ce livre est un peu le vôtre.

Merci également à Aurélie pour son soutien et à Stéphane et à Florence pour leur aide dans la dernière ligne droite.

IMPRIM'VERT®

COMPOSITION ET MISE EN PAGES
NORD COMPO À VILLENEUVE-D'ASCQ

ACHEVÉ D'IMPRIMER
SUR ROTO-PAGE
PAR L'IMPRIMERIE FLOCH
À MAYENNE EN DÉCEMBRE 2019

N° d'impression : 95459
Dépôt légal : décembre 2019
Imprimé en France